"Hace varios años que ~~~~~ ~~vimos la bendición de haber conocido a la evange~~~~~~~~~~~~~~~~~~~~~~~~~~~~u entrega y pasión po~~~~~~~~~~~~~~~~~~~~~~~~~~~~~o. Su deseo de marcar, ~~~~~~~~~~~~~~~~~~~~~~~~~~~le Jesucristo es el mot~~~~~~~~~~~~~~~~~~~~~~~~de-lante. Una mujer íntegra y llena del p~~~~~~~~~~~~~~ex-cepcional, siendo la hija de un gran hombre de Dios como lo es Jorge Raschke. Su trayectoria ministerial la ha impulsado a escribir este libro basado en su testimonio y vivencias lo cual estamos seguros de que bendecirá a sus lectores con una palabra de fe y dependencia en el Señor. Confiamos que este su primer libro, titulado *Mujer real*, sea el comienzo de una larga trayectoria literaria para edificación del pueblo del Señor en el poder del Espíritu Santo".

—REV. RAMÓN R. POMALES JR. Y ÁNGELES POMALES
PRESBÍTERO DE FLORIDA MULTICULTURAL DISTRICT
DE LAS ASAMBLEAS DE DIOS

"Abanderada de la fe, periodista, luchadora de causas justas y socia-les, mi gran amiga y exsenadora, Kimmey Raschke, presenta esta obra, *Mujer real*, como un clamor universal a la conciencia de la mujer, madre, esposa, trabajadora y ciudadana. Kimmey es un vivo ejemplo de la mujer emprendedora que, con valores y fe, rompe los mitos y prejuicios, y lucha por establecer caminos de oportunidades, derechos e igualdad".

—HON. THOMAS RIVERA SCHATZ
PRESIDENTE DEL SENADO DE PUERTO RICO

"La vida me ha dado la oportunidad de conocer seres humanos ex-traordinarios. Ese es el caso con Kimmey. La conocí hace como veinte años e inmediatamente identifiqué a una joven de principios, fuertes valores, con misión y visión, clara en sus metas y responsabilidades con sí misma y con la gente.

Su formación y espiritualidad fortalecían su desarrollo, dedicación, entrega, compromiso; su inquebrantable fe la mantenían firme en su vida, aun ante las pruebas que se le han presentado. Tengo el privile-gio de decir que es, no una colaboradora, lo que es, pero más que eso, mi AMIGA.

Ante la oportunidad que presenta la autora, sé que *Mujer real* será de ayuda e inspiración para sus lectores: mujeres, hombres, niños, ancianos...en fin, para todos".

—Hon. José F. Aponte Hernández
Expresidente Cámara de Representantes
Representante por acumulación
Presidente Comisión de Relaciones Federales,
Internacionales y Estatus

"Celebro mi gran amistad con Kimmey Raschke, porque más allá de haber sido compañeros en el Senado, ella es una persona llena de amor y luz, de verdad y paz. En algunas cosas estuvimos de acuerdo; en otras no. Sin embargo, compartimos luchas fundamentales por los más necesitados, y es por eso que agradezco tanto, a nombre del pueblo de Puerto Rico, su compromiso con principios y valores humanos que trascienden las religiones".

—Hon. Eduardo Bhatia
Expresidente del Senado
Portavoz de la minoría del PPD

"La hermana Kimmey es una sierva del Señor con un legado poderoso. Desde que la conocí, entendí que su llamado va mucho más allá de un apellido. Para mí personalmente y nuestra familia, Kimmey es parte de nosotros. Estoy seguro que su aportación literaria al Cuerpo de Cristo, trae un peso de experiencia, conocimiento y gloria, pocas veces centrado en una sola persona. Es un honor recomendar a Kimmey Raschke como ministra del Señor y ahora, autora de su primer libro, *Mujer real*".

—Dr. Agustín López, pastor
Iglesia Misión La Cosecha, Orlando, FL

"Hablar de una princesa de Dios como Kimmey es quitarse el sombrero. La conozco personalmente desde más de doce años. He visto su caminar día a día. En ocasiones, cuando Dios me inquieta a decirle algo, lo hago. Sus experiencias como sierva del Dios vivo son tan hermosas que transmite ese amor del Señor en una forma palpable. Sé que *Mujer real* será de bendición al mejor y exigente lector".

—ANGIE RODRÍGUEZ, PASTORA
IGLESIA NAZARETH A/D DE TRASTALLERES, SANTURCE, PR

"Kimmey es una mujer de Dios con una pasión inagotable por predicar el evangelio de Cristo, no adulterado ni con astucia. Es evidente su comunión con Dios y dominio de las Sagradas Escrituras, lo que produce en ella una gracia para ministrar bajo una unción poderosa del Espíritu Santo; todo con el fin de ganar almas para el Reino. Con humildad, persevera con insistencia conforme a su llamado para cumplir su misión en la tierra. Bienaventurada, valiente, escogida para este tiempo con el único propósito de glorificar a Dios. Kimmey Raschke es una mujer de propósito, una *mujer real*".

—CARLOS GUERRERO Y GLORIA RIVERA, PASTORES
IGLESIA NUEVO TESTAMENTO DE CIDRA PUEBLO

"Durante la travesía de mi vida, Dios me ha rodeado de hermosos amigos, y Kimmey es una de ellos. Es una mujer que luce elegancia, pero camina con humildad. Su pasión por Dios la ha hecho permanecer en pie, a pesar de las fuertes e innumerables batallas que ha enfrentado. Batallas que la han convertido en una gran guerrera del Reino. Resalto en ella la valentía de ir por encima de cualquier pronóstico, escogiendo creerle a Dios.

Creo firmemente que la evangelista Kimmey Rashcke ha sido llamada por Dios para este tiempo, con una voz de alerta bajo la unción profética; y que las señales que la acompañan confirman su llamado. Le agradezco a Dios por bendecirme con su amistad.

—IRMA GRANADO AVILÉS, PASTORA Y EVANGELISTA
MISTERIO CRISTIANO INTERNACIONAL ÉL ME HIZO LIBRE

Mujer REAL

CASA
CREACIÓN

KIMMEY
RASCHKE

La mayoría de los productos de Casa Creación están disponibles a un precio con descuento en cantidades de mayoreo para promociones de ventas, ofertas especiales, levantar fondos y atender necesidades educativas. Para más información, escriba a Casa Creación, 600 Rinehart Road, Lake Mary, Florida, 32746; o llame al teléfono (407) 333-7117 en Estados Unidos.

Mujer real por Kimmey Raschke
Publicado por Casa Creación
Una compañía de Charisma Media
600 Rinehart Road
Lake Mary, Florida 32746
www.casacreacion.com

Edición por: LM Editorial Services│www.lmeditorial.com│
lydia@lmeditorial.com
Diseño de portada por: Lisa Rae McClure y Linda Gillotti
Director de Diseño: Justin Evans

Library of Congress Control Number: 2019937543
ISBN: 978-1-62999-427-7
E-Book ISBN: 978-1-62999-428-4

Impreso en los Estados Unidos de América
19 20 21 22 23 * 6 5 4 3 2 1

Dedicatoria

A MI MADRE, ISAURA Martínez, quien fue una mujer hermosa, fina, delicada, de una elegancia imponente e impecable, dedicada a servir a Dios con un fervor por la cruz de Cristo que muy pocas veces se puede encontrar. Su voz fuerte, que aun retumba en mis oídos, afirmaba sus propósitos y razones. Sé que sus oraciones están depositadas en el banco del cielo a mi favor y sus caricias aun arropan mi corazón. Cómo olvidar su calor y la ternura de sus frases de amor. Cómo olvidar su voz hermosa recitando líneas y poemas, declamando uno que siempre llevaba guardado en un papel y cuyas líneas describían el momento de la Última Cena. Cómo olvidar aquella madre que me llevaba a la escuela y me hacía repetir el Salmo 91 en voz alta.

Isaura Martínez, *mami*, como siempre la llamé, siempre estuvo en primera fila en mis días de juegos, aunque tuviera migraña. Siempre estuvo pendiente de todos mis detalles. Me enseñó a ser una chica que ama a Dios con todas sus fuerzas. Ella estuvo a mi lado creyendo en mis sueños, regañándome, aconsejándome, dialogando y brindándome un amor indescriptible. Aprendí de ella a realizar todo con excelencia, a no rendirme frente a los retos de la vida y el trabajo.

Recuerdo que días antes de ella morir, tuvimos una conversación, y ante su mirada quebrada abatida por el cáncer, le dije: "Mami, gracias por haberme corregido; gracias por haberme prohibido muchas cosas; gracias porque, aunque a veces pensé que me habías sobreprotegido, hoy sé que Dios me libró de muchas cosas que vendrían para tratar de dañarme". Ella lloraba, pues siempre fue muy correcta y fuerte, y sabía que en ocasiones pensó que lo había sido en exceso.

Hoy honro su vida dedicando este libro a esa gran mujer de Dios, una madre que sembró en mi corazón una fuerte pasión por Dios y un ferviente deseo por bendecir al más necesitado. Isaura fue de esas mujeres que no se rinden, que luchan, que aman y perdonan con intensidad. Ella no fue perfecta, nadie lo es, pero sí fue una mujer correcta. Aun me parece escuchar el susurro de su voz que siempre nos decía "mis nenas".

En el 2009, ángeles vinieron a buscarla para llevarla ante la presencia de su Padre celestial. Sé que ella está danzando ante el trono del gran Rey que tanto amo.

Mi madre siempre soñó con escribir un libro; era su más grande anhelo. Recuerdo haberle visto llenar tantas, pero tantas libretas con sus ideas plasmadas a puño y letra, las cuales aún conservo en lo que llamo mi baúl de recuerdos. Quedó impregnado en mi corazón su fervor de querer hablarle a los corazones heridos de tantas personas. Su deseo era llevar un mensaje sanador a quienes, por los dolores de la vida, se encontraban sin esperanza, pues ella misma conoció desde una tierna edad, múltiples quebrantos los cuales superó con la asistencia del Espíritu Santo. Pero este libro no se trata de Isaura, ni de contar su historia. Solamente te abro mi corazón para que comprendas que, de alguna manera, con este escrito deseo honrar la memoria y los deseos y anhelos de mi madre. Ella deseaba llevar un mensaje de fe a las mujeres dentro y fuera del núcleo eclesiástico, pues entendía que se necesitaba una palabra que levantara sus espíritus, sanara la autoestima y autoimagen de ellas, y las llevara a verse como Dios las ve. Yo estoy convencida de que esta necesidad sigue aún vigente.

A mi amada madre, mi eterno amor.

A Federico Correa, mi único y gran amor después de Jesucristo, mi esposo durante 24 años. Definitivamente, eras el hombre que Dios tenía separado para mí. Entre todos, fuiste el seleccionado. No sé si te metí en un problema, pero no nos ha ido mal, porque hemos pasado unos años maravillosos. Eres un hombre especial, humilde, sencillo. Tu corazón solo quiere agradar y obedecer a Dios. Gracias por echarte a un lado, en múltiples ocasiones, para que yo creciera. Nunca me has cohibido; al contrario, me has celebrado e impulsado en todo y cada uno de mis sueños. Te admiro por tu paciencia y gallardía. Eres mi control, quien sabe y entiende todo de mí.

Hemos tenido un duro y largo caminar, no ha sido todo color de rosa, pero hemos crecido juntos y, a la misma vez, hemos aprendido que lo que nos da realmente felicidad no está en las grandes cosas, ni en los bienes materiales, sino en los pequeños detalles. Hemos sabido dividir un *hot dog* y una soda entre los dos, hemos contado monedas para pagar cuentas, hemos tenido pérdidas y también ganancias. Pero tú siempre has estado ahí, creyendo cada palabra que Dios nos ha hablado.

Tú, más que nadie, impulsaste este libro, creíste en que podía lograrlo, moviste cielo y tierra, y finalmente lo logramos. Siempre me decías: "Kimmey, hay tanto quehacer, y lo que hemos vivido es para bendecir a otros, que al igual que nosotros, puedan estar viviéndolo".

Gracias por cada detalle: por las noches que soportaste mi teclado mientras escribía y tú tratabas de dormir para irte a trabajar, por vivir lo que predicamos, porque somos una sola carne. Te amo y te amaré como te prometí aquel 11 de marzo de 1995 frente a Dios y los hombres. Estaremos juntos hasta el final.

Agradecimientos

A MI PADRE, JORGE Raschke, un hombre de Dios, un profeta que ha estremecido a las naciones, el hombre que Dios utilizó con un ministerio intenso de liberación, milagros y salvación, conmoviendo los corazones como instrumento del Padre. Al que un día me dijo: "Sé que he sembrado la semilla correcta en tu corazón y aunque bajes al mismo infierno, estoy convencido de que la Palabra que les he entregado tendrá efecto y nada las dañará".

Papi, gracias por sembrar en mí esos valores y el más alto compromiso con la cruz de Cristo. Porque supiste, dentro de todas las presiones ministeriales, hacer balance para darnos lo mejor. Gracias por ir por encima de la crítica para defendernos, tomar tiempo y llevarnos a un parque, y simplemente reírnos, montarte con nosotras en las montañas rusas, enseñarnos a orar en todo tiempo, vivir una vida que no solo fue frente a las multitudes y las grandes tarimas, sino en nuestra intimidad como familia. Gracias por tu valentía, por enfrentar momentos dolorosos y saber mantenerte de pie.

A ti, que me enseñaste que, si era necesario morir por Cristo, no tendría la menor duda de hacerlo, te honro y reconozco tu legado. Mi mayor deseo es ver el cumplimiento de todo lo que Dios nos habló. Declaro bendición sobre tu vida. Gracias por ser ministro, profeta, pero más que todo eso, por simplemente ser papá. Te amo.

A mi hermana, Kathryn Raschke, quien me ha acompañado en este viaje de la vida. Una joven hermosa, talentosa, luchadora y brillante. Juntas hemos vivido una larga travesía, hemos subido a la montaña y hemos bajado a tantos valles. Ha sido una travesía intensa y de la cual, sin duda alguna, somos sobrevivientes. Gracias por brindarme tus palabras de apoyo, por reír conmigo, por darme tus consejos como redactora. Gracias por preocuparte cuando me veías escribir en lo que llamabas "mi pequeño teclado", y te angustiabas porque me veías corriendo con tantos proyectos, siempre diciéndome: "Tienes que descansar". Declaro bendición sobre tu vida y doy gracias al Padre por haberme regalado una hermana como tú.

A Nilsa Collazo Goveo, una mujer sencilla, llena de vivencias de oración. Una intercesora de esas que guardan silencio y tienen una intimidad absoluta con Dios, que el Padre les habla y les revela. Gracias por ser la mejor amiga de mi madre, por ser mi mentora en los días más oscuros de mi vida, por estar ahí siempre para orar. Fuiste la persona que siempre Dios usó para llevarme a entender mi verdadero llamado. Gracias por bendecirnos de tantas maneras. Aún recuerdo que, el día que mi madre murió, lloraste como si hubiese sido una hermana de sangre. Tu casa fue el lugar de refugio en medio de muchos lutos. Honro tu vida y reconozco tu llamado, la unción que cargas para plantar y arrancar.

Al Dr. Pastor Agustín López, por ser un ministro que reconoces los llamados y legados ministeriales; por honrar nuestro ministerio. Nuestra vida no fue igual desde que llegamos a Misión La Cosecha aquel verano, donde fuimos a ser parte de una celebración de aniversario. Fue allí donde Dios nos estaba esperando para marcarnos con una palabra profética para un nuevo tiempo ministerial en nuestras vidas. Simplemente, gracias, por el amor y la confianza.

A mis pastores, la Dra. Lizzie Báez y el Dr. Israel Ayala de la Iglesia Cristiana Santa Rosa 1 en Guaynabo, Puerto Rico. Doy gracias a Dios porque Él los colocó en nuestro camino en un momento clave de nuestras vidas y ministerio. Gracias por tanto amor, su paciencia y la dulzura de sus palabras. Gracias por abrazarnos y apoyar nuestro llamado. Les honro por ser gente de altura, entregados para el Reino. Trabajadores incansables, pero, sobre todo, ministros que predican con su testimonio y sus acciones más que con sus sermones o palabras. Sus vidas me ministran, porque ante el dolor de la pérdida de un hijo y la tragedia nunca claudicaron de la cruz de Cristo.

TABLA DE CONTENIDO

Prólogo

ESTE LIBRO ES la historia de una niña, ahora una joven mujer, que caminó como "hebrea en palacio persa" cual la incomparable historia de la reina Ester. Pocas veces encontrarás el corazón desdoblado cual hermoso tapiz visible a los ojos del lector, en todo el esplendor de sus más íntimo detalles. Y a su vez, desplegado en la preciosa magnitud de su imagen esencial, como lo hace Kimmey Raschke.

El libro que tienes en tus manos te llevará por los matices más profundos, preciosos, difíciles y aun incomprensibles de la vida de una mujer que decidió abrir su corazón; de hija, hermana, esposa, periodista, exsenadora y evangelista. Ella comparte contigo cómo se erige un corazón ante la vida y camina como una "mujer real", frente a los grandes retos de la existencia.

Es hija de una de las familias más emblemáticas del evangelio en Puerto Rico. Por eso, su vida está siempre acentuada por el ministerio profético de proclamación de la Palabra, liberación y sanidad divina de su reconocido padre, el evangelista internacional, Jorge Raschke, y la vida piadosa y misionera de su amada madre, Isaura Martínez, quien descansa en su morada eterna.

Kimmey nos guiará de forma vívida y penetrante a través de la vida de extraordinarias mujeres de la Biblia, y junto a esas historias, de forma testimonial y aplicada, esbozará cada vivencia de su vida. Ella abrirá su corazón desde la más pura sensibilidad y entrañable experiencia, hasta el dolor más intenso de las lágrimas derramadas en tiempos de grandes pérdidas y cruentas adversidades.

La poderosa virtud de su palabra escrita recoge con gran calidez junto a su historia, el dolor y posible desesperanza del lector. Y con el corazón compasivo que la caracteriza, le ofrece en cada historia bíblica trabajada, una palabra transformadora y restauradora que despierta y alienta el corazón necesitado.

En paralelo con la reina Ester, una de las historias bíblicas que utiliza en este libro, su vida también fue ubicada en terreno difícil y desafiante. Allí tendría que recordar y aplicar cada valor y enseñanza bíblica hablada, vivida e inspirada por sus padres en su formación. Así como la reina Ester, Kimmey tendría que sostenerse como "hebrea en palacio persa", donde su Dios no estaría vivible para el ojo insensible, carnal e irreverente. La magnitud de su presencia y poder estarían encriptados en cada acto, palabra y situación donde Él se había comprometido con ella.

Así como las oraciones que están recogidas en copas de oro no mueren y permanecen más allá de la partida de quienes amamos, las palabras proféticas de su estimada madre se cumplirían más allá de su vida terrenal: "Kimmey, fuiste una niña pedida en el altar" para grandes propósitos en Dios. Y con esas solemnes palabras proféticas, la vida de la autora ha elevado el rumbo al llamado y vocación encriptado en su alma y espíritu por la proclamación del evangelio, fuente de salvación, sanidad y vida.

Hoy Kimmey, una joven mujer, profundamente cristiana y con una exitosa vida bivocacional, sirve a su pueblo desde su amplio ministerio evangelístico en Puerto Rico y fuera del país. Su poderoso mensaje y ministerio manifiesta un énfasis admirable de estar muy cerca del corazón de nuestra gente más necesitada y vulnerable, el de una "mujer real" que los acoge y abraza.

El tapiz desdoblado, desde lo más íntimo hasta lo más amplio, de la vida de Kimmey Raschke en este precioso e interesante libro, te cautivará. Sin duda, esta obra te mostrará el Dios amoroso y fiel que no solo sopla su Espíritu de vida, sino que escribe su propósito para cada una de nuestras vidas.

—Dra. Lizzie Báez, M.P.H.
Neuropsicóloga / Psicóloga clínica

Introducción

CUANDO DECIDÍ ESCRIBIR no fue por escribir un libro más, de eso estoy convencida. Sin menospreciar a nadie, ya existen muchos; al final cada cual tendrá su propósito. En mi caso, anhelaba profundamente poder narrar mis experiencias de vida, una que ha sido intensa desde niña. La intención de escribir nace en mi corazón hace unos años atrás, para ser más específica, en el año que mi amada madre, Isaura Martínez, partió con el Señor. Desde ese día quedó en mí el deseo de plasmar, a través de cada línea, mis experiencias de vida como hija de ministro, adolescente, esposa, profesional, figura de la política y ministra del Altísimo. No obstante, deseaba hacerlo con una manera distinta y muy particular, siendo simplemente una "mujer real".

La intención de este libro no es convertirlo en una lectura aburrida, ni fantasiosa ni mucho menos, llena de religiosidad. Mi más sincero deseo es que por medio de cada una de las líneas pueda conversar contigo como mujer de carne y hueso, con altas y bajas, con triunfos y derrotas, con gozo y dolor, con dinero y sin nada en el bolsillo, con días grises y otros más claros, con días en que quieres maquillarte y días donde se te ha caído el cabello, porque te diste un mal tinte.

Yo he estado ahí, donde la enfermedad te ha azotado y no tienes fuerzas para continuar. En mi país dirían, en días donde no te huelen ni las azucenas, días donde quieres sonreír y otros donde solo quieres llorar. Tan solo se trata de ser una mujer genuina, sin más ni menos. La que escribe este libro no flota, ni está todo el día orando. Soy una mujer que tiene responsabilidades, atiendo una casa, soy ministra, limpio, trapeo, cocino, bueno, algunas veces. Pero eso no me convierte en menos mujer de Dios; al contrario, me otorga autoridad para poder hablar sobre asuntos que todas vivimos a diario.

No fue hasta ahora, en el tiempo justo de Dios, cuando llegó el momento de que este libro sea una realidad y hoy puedas tenerlo en tus manos para leerlo. No fue antes, porque había procesos en mi vida que tendría que vivir antes de escribir. Algunos de ellos buenos y otros no tan buenos, pero todos formando carácter en mí. No vengo a compartir otra cosa que no sea mis vivencias y realidades llenas de sinceridad, todas ellas desde el marco bíblico.

Siempre quise escribir mis experiencias de vida, y con el paso de los años, al ir a ministrar en tantos eventos y congresos de mujeres, muchas se acercaban pidiéndome este libro. Espero que puedas disfrutar de un viaje real a través de mis vivencias muy íntimas y la vida de tantas mujeres de la Biblia que no deben ser tomadas en poco, porque descubrirás que representan muchas de nuestras vidas diarias hoy. La Palabra de Dios no pierde vigencia ni tampoco autoridad; tiene el efecto para lo cual es enviada. Así que te invito a un viaje genuino, sin protocolos, donde hablaremos verdades de la vida basadas en la realidad bíblica.

Para todas nosotras, en un tiempo lleno de grandes retos, el mundo actual nos dice: "Tanto tienes, tanto vales", "tienes que ser tamaño cero para ser bella", "tienes que ser de esta forma para ser feliz". Entonces, algunas han adoptado quedarse estancadas en las relaciones, solo por el mero hecho de complacer algún religioso de turno o porque nunca se han enterado del gran valor que poseen. Tú eres una mujer real. Me encanta este texto y quiero comenzar regalándote esta Palabra:

> "Tus ventanas pondré de piedras preciosas, tus puertas de piedras de carbunclo, y toda tu muralla de piedras preciosas. Y todos tus hijos serán enseñados por Jehová; y se multiplicará la paz de tus hijos" (Isaías 54:12–13).

Tú serás adornada con justicia, serás llena del valor que tienes, porque para Él eres como una piedra preciosa. Todo lo que es tuyo será resguardado y tus generaciones vivirán en paz.

No obstante, creo que algunos están colocando una presión muy grande sobre la vida de tantas mujeres que se enfrentan diariamente a un mundo lleno de retos y luchas. "Si no eres guerrera, no eres victoriosa". Hay algunos que han tomado este tema hasta llegar al punto de obsesión. Ciertamente creo que hay muchos momentos que llegarán, y que han llegado a mi vida, donde definitivamente solo se puede y se debe estar en una posición de oración e intimidad genuina con Dios. Eso te dará, y me ha dado, la victoria.

Sin embargo, veo y escucho en tantas actividades donde ministro empoderamiento a la vida de cientos y miles de mujeres, una gran preocupación porque piensan que, para poder ser una mujer espiritual, tienen que estar flotando en una nube enajenadas de su realidad todo el día, sin asumir responsabilidades. Veo demasiada confusión, depósito de aflicción y agotamiento sobre la vida de muchas mujeres. "Tienes que ser guerrera". Pues voy escribir algo que romperá el concepto de los que han comercializado el asunto más que espiritualizado. Lee bien esto: NO te sientas mal si no eres guerrera. Sí, así como lo lees. Tú tienes derecho a llorar, tienes derecho a sentirte mal, tienes derecho a cuestionar, a sentirte cansada, tienes derecho a ser una mujer real de carne y hueso; sí, de esas que madrugan y dan diez mil vueltas en el día, de esas que cocinan, trapean, atienden los chicos y caen rendidas en sus camas.

Escribiré de esas mujeres que, al igual que yo, tenemos días que no queremos hablar con nadie. Eso no me hace menos espiritual, al contrario, me hace ser transparente y tal cual soy, humana, porque el poder de Dios se perfecciona en tu debilidad. Si no ruges como leona tampoco te angusties, ni te sientas menos, porque habrá días que no quieres que nadie te dirija la palabra, donde no tienes deseos de nada. Pero en tu silencio, Dios estará tratando contigo.

No todas fuimos llamadas a ser Déboras, ni Jaeles. Hay unas que serán como Ester, estratégicas; otras como Rut, dedicadas; otras pacíficas como María, la madre de Jesús. Por esa razón, escribo este libro. Entiendo que es necesario que puedas verte en la realidad de tu entorno y puedas salir airosa no importa cuál sea la situación que estás viviendo. No soy motivadora, soy sencillamente una mujer real que ama a Dios, que le he conocido a través de cada uno de mis procesos de vida.

Ciertamente, si tenemos que hacer guerra toda la vida, ¿dónde entonces quedó el sacrificio de Cristo en la cruz? Él ya venció para que tú y yo seamos más que vencedoras. ¡El castigo de nuestra paz fue sobre Él! No permitas presiones indebidas y agotadoras sobre tu vida, que al final del día solo pueden terminar aniquilando tu fe. ¡Descansa en el Señor!

Disfruta este viaje que comparto desde lo más profundo de mi corazón, y que ha sido escrito creyendo que tu vida no será igual, que serás libertada, salva, posicionada, empoderada, renovada, y podrás levantarte para vivir a plenitud los mejores días de tu vida. Te aseguro que esos vienen de camino y estás a punto de tocarlos. Deja que el Espíritu de Dios ministre a tu corazón mientras lees estas líneas escritas con sinceridad, transparencia y entrega espiritual. Cuando comiences esta lectura y llegues a su final, entenderás que, entre princesa y guerrera, yo prefiero y quiero ser una MUJER REAL.

Capítulo 1

SOMOS HIJAS DE LA PROMESA

Porque para vosotros es la promesa, y para vuestros hijos, y para
todos los que están lejos; para cuantos el Señor nuestro Dios llamare.
(Hechos 2:39)

Inicio este libro compartiendo mi origen y cómo empezó mi historia. Quiero que sepas que lo haré desde el cristal de la vida de tantas mujeres que existen en la Biblia. Unas son conocidas y otras no, pero todas ellas tienen situaciones como tú y yo, nada tan lejano de la realidad de lo que muchas de nosotros vivimos hoy. Una de las razones de empezar este libro hablando de mi origen es porque hay demasiada gente, demasiadas mujeres, que piensan que no hay razón de ser o de existir y, peor aún, que no tienen propósito para estar en este planeta.

Para los que piensan que no tienen propósito o que llegaron a este mundo por casualidad, quiero alentarte a entender que tienes destino, propósito y una asignación divina; tarde o temprano la podrás descubrir. Y digo la podrás descubrir, porque si en ti no existe la curiosidad, el anhelo de saber quién eres, pasarán más de mil años y muchos más, como dice la canción, y perderás días buenos con los que Dios quiere bendecirte. Ciertamente algunos lo harán más temprano que otros. Pero lo importante es que, durante el viaje que se llama vida, entiendas que sí tienes un propósito.

No tengo la menor duda en esta etapa de mi vida, la cual vivo a plenitud, de que fui marcada por Dios, y aunque me costó asimilar muchas cosas en el caminar, estoy convencida de quién soy. Es importante que entiendas que Él te da identidad, te da autoridad y cierra las puertas para que otros no tomen ventaja de ti y de tus carencias. Así que empiezo contándote algo de cómo llegué a ser la primogénita de la familia Raschke.

Mi madre, quien pasó a morar con el Señor, había comenzado junto a mi padre a ejercer la labor de evangelista en América del Sur para la década de los setenta. Llevaban varios años ministrando entre Colombia y Venezuela. Ya había pasado cuatro años desde que ellos se casaron y mi madre aún no quedaba embarazada, y tampoco los estaba evitando; sencillamente, no pasaba. A pesar de la agitada vida ministerial que ya llevaban, sin embargo, como toda pareja, deseaban tener un bebé.

Mamá tenía una forma particular de contar esta historia, porque siempre que me veía desanimada o sin norte, de manera muy sutil, como ella solo sabía hacerlo, empezaba a contarme una vez más una anécdota, una vivencia muy de ella como mujer, pero con sentido de urgencia y necesidad espiritual para mí. Aun me parece escuchar su suave, pero autoritaria voz, diciéndome: "Kimmey, fuiste una niña pedida en el altar". Crean que cada vez que ella decía eso y yo lo escuchaba me estremecía; había algo que se activaba dentro de mí. Ella era una mujer tan poderosa en Dios que estaba clara que cada vez que me lo decía estaba afirmando mi propósito, mi lugar de origen y mi identidad espiritual, estaba marcando en mi espíritu para bien. Solo puedo decirte que cada vez que de sus labios salían estas palabras, era como el mismo cielo retumbando en mis oídos: "Tú fuiste hecha en el cielo".

Una mujer real necesita tener una identidad clara. Es importante conocer y tener claro tu origen, no solo en lo natural, sino en lo sobrenatural. Mi madre, quien tenía este don de contarte las cosas con énfasis, me narraba cómo todo comenzó; se trataba de un pacto entre ella y Dios. La oración tiene poder, hablamos con Dios y Él nos responde. Me contaba que, clamando en el altar de una iglesia en Venezuela, le dijo al Señor: "Si tú me das un hijo, yo te lo voy entregar a ti, será para ti; y si tiene que morir por tu causa, morirá por ti. A los meses de tan conmovedora y decidida oración, estando en la tierra del llano venezolano, descubrió que estaba embarazada de mí. Sí, Dios contestó su oración y ahora tendría a la primogénita de la familia Raschke.

Aun Dios contesta oraciones, aun Dios concede peticiones, mira los corazones y aun concede los deseos de tu corazón. "Deléitate asimismo en Jehová, y él te concederá las peticiones de tu corazón" (Salmo 37:4). Veo y escucho tantas mujeres afanadas hoy que se olvidan que todavía Dios es capaz de conferir las peticiones de tu corazón. El que lo hizo ayer, sigue siendo el mismo y lo volverá a hacer otra vez.

Cuando ya era adulta, ella volvía a narrarme esta historia que daba inicio a lo que sería mi existencia y paso por esta tierra. Me reía, la miraba a los ojos y le decía: "Nunca tuve la oportunidad de leer las letras pequeñas". Esto era en alusión a que siempre que se firma en un contrato o documento importante, puede que te digan: "Lea las letras pequeñas porque ahí está el contenido más importante". Siempre le decía a ella: "No me diste oportunidad, esa última parte está muy fuerte, como que fuiste algo radical sin preguntar". Ella se reía y yo también.

Si algo aprendí es que quien quiera algo en la tierra y en lo sobrenatural tiene que aprender a ser radical. A Dios no lo mueve otra cosa que no sea gente, mujeres valientes, sin temor de accionar. Eso fue una inyección en mi vida desde antes de nacer. Creo en vivir al máximo para Dios, arrebatar y conquistar. Recuerda, amiga, que de los cobardes no se ha escrito nada y menos de los que no se atreven. Ciertamente había un compromiso de ella con Dios, que provocó que una historia nueva surgiera. Creo que, muchas veces, de ahí he podido entender de dónde surge tanta pasión por Dios en mi vida, por amarle y por servirle. Aunque sé que me falta mucho por hacer para bendecir a otros y cumplir el propósito del Padre a plenitud, y ya que ese momento de las letras pequeñas no ha llegado, el morir no ha llegado aún.

Me río porque me tomó tiempo asimilar quién yo era en Dios. Durante ese tiempo, la misericordia de Dios me arropó, pero cuando lo descubrí empecé a caminar de manera diferente, llena de autoridad y convicción. No es hasta que asimiles y aceptes tu verdadera identidad que podrás alcanzar todo lo que anhelas en Él. Muchas no alcanzamos más, porque no estamos convencidas de que nuestra formación fue ordenada en el cielo, no importa cuál haya sido o sea el viaje de la vida. Eres conocida por el Padre:

> "Mas a todos los que le recibieron, a los que creen en su nombre, les dio potestad de ser hechos hijos de Dios; los cuales no son engendrados de sangre, ni de voluntad de carne, ni de voluntad de varón, sino de Dios" (Juan 1:12–13).

Hija de la oración

Es poderoso compartir esto contigo, porque la historia de mi madre es muy parecida a la de Ana, la madre del profeta Samuel, cuya historia aparece en el primer libro de Samuel en el Antiguo Testamento. Fue una mujer real que lloró, pero oró; una mujer que se desesperó, bajó al valle, pero al final pudo descansar en Dios a través de la oración. Fue una mujer que clamó y derramó su corazón, y recibió respuesta del cielo.

Mi madre, al igual que Ana, clamó a Dios para que le concediera un hijo. Siempre me contaba con tanta alegría y efervescencia que ella había orado en el altar para que Dios le concediera tener aquel bebé que tanto deseaba.

> "Y se levantó Ana después que hubo comido y bebido en Silo; y mientras el sacerdote Elí estaba sentado en una silla junto a un pilar del templo de Jehová, ella con amargura de alma oró a Jehová, y lloró abundantemente. E hizo voto, diciendo: Jehová de los ejércitos, si te dignares mirar a la aflicción de tu sierva, y te acordares de mí, y no te olvidares de tu sierva, sino que dieres a tu sierva un hijo varón, yo lo dedicaré a Jehová todos los días de su vida, y no pasará navaja sobre su cabeza" (1 Samuel 1:9–11).

Una oración provoca un nuevo comienzo y abre las ventanas de los cielos a tu favor.

Tal vez al leer estarás diciendo: "Esa no fue mi historia, ese no fue mi inicio, no tengo proceder, no conozco mi historia, mis padres no me amaron". Pueden ser muchas tus preguntas y quiero que sepas que todas son válidas. Solo quiero decirte que el inicio no necesariamente determina cual será tu final, ni tampoco determina cómo será tu caminar. Quiero decirte que, en mi caso, aun sabiendo y repitiéndolo mi madre hasta el cansancio, muchas veces me sentía algo insegura de qué sería de mí, qué cosas viviría, a qué me enfrentaría, quién era realmente. Pero alabo a Dios porque la diferencia fue que, mientras más mi madre repetía y sembraba su testimonio en mí, ella estaba asegurando una identidad divina que me perseguiría por el resto de mi vida.

Finalmente nací en el 1974. Sé que estás sacando cuentas ahora mismo para saber mi edad. No me molesta, al contrario, me certifica que estoy viva. Si algo he aprendido y quiero que recibas mientras me acompañas a través de esta lectura llena de anécdotas personales e historias bíblicas es que puedas celebrar quién eres en Dios. Así que la edad es lo de menos porque, como dice la Palabra, el espíritu correcto hace que el rostro se vea más hermoso, brille más (ver Proverbios 15:13). Así que no dejes que la edad y las arrugas te agobien; son solo la marca de las vivencias. Te puedo certificar que el dolor marca, pero el gozo del Señor hace que tu rostro rejuvenezca más que con cualquier crema de esas que tanto nos ofrecen por ahí.

Solo quiero que sepas que tuviste un inicio, una formación divina, que fuiste creada por el Eterno. Nunca permitas que nadie distorsione, ni use tu pasado ni tu presente para distorsionar tu futuro y quién eres en el Reino de Dios. Por eso me encanta la historia del rey David, porque algunos estudiosos llegan a la conclusión de que su inicio fue fatal. Algunos alegan que era un hijo bastardo. No fue tomado en cuenta, ni por su propio padre, el día que el profeta Samuel fue a su casa buscando ungir a un nuevo rey, de quien Dios le había hablado. Pero si de algo este hombre estaba convencido era que su Hacedor, su Padre, ya lo conocía, y por consecuencia, ya tenía identidad en Dios. Por eso, él mismo afirma que en su embrión, en su yo interior, sabía su procedencia:

"No fue encubierto de ti mi cuerpo, bien que en oculto fui
formado, y entretejido en lo más profundo de la tierra. Mi
embrión vieron tus ojos, y en tu libro estaban escritas todas
aquellas cosas que fueron luego formadas, sin faltar una de
ellas" (Salmo 139:15–16).

Mujer, recibe esta palabra. Tú estás despierta, y el Padre está
contigo y tú estás con Él; aún estás viva. Tú también eres hija de la
promesa, y lo escribo porque quiero que te apoderes de esta palabra.
Empieza a amarte, y cuando te grabes eso en la cabeza podrás vivir
a plenitud, dejando a un lado los complejos, las marcas del pasado, y
serás libre. Tú eres hija de la "libre".

"Porque está escrito que Abraham tuvo dos hijos; uno de la
esclava, el otro de la libre. Pero el de la esclava nació según la
carne; mas el de la libre, por la promesa" (Gálatas 4:22–23).

Comienzos: mi llegada y el ministerio

Mi llegada a este mundo al hogar de mis padres fue de alegría y
respuesta, pero mi nacimiento y mis primeros años de vida se dan
en un momento difícil para ellos. Apenas empezaban en el ministerio, vivían por fe y ciertamente sostener un hijo dentro de la vida ministerial intensa que llevaban sería un gran reto para ellos. Llegué en
el momento donde apenas todo comenzaba: un apellido, una familia,
una entrega por predicar el evangelio. No había lujos, pero sí un hogar
apasionado por el reino de Dios.

Recuerdo que vivíamos en unos apartamentos de bajos recursos o
más bien de ayuda federal. Por cierto, aún existen: Villa Navarra en
la ciudad de Bayamón, Puerto Rico. Allí viví mis primeros años ro-
deada de amor, luchas, sacrificio. No sería la vida tradicional, aunque
les confieso que mis padres siempre buscaban tiempo para llevarme
a algún parque del área, pues éramos una familia de muy limitados
recursos.

Sumemos a todo eso lo sacrificado de la noche intensa de predi-
cación, visitar iglesias, dormir en los carros y esperar la provisión de

Dios, porque en la casa de mis padres se vivía por fe. No esa fe que hablan algunos por ahí hoy, distorsionando la verdad del evangelio. La fe que vivieron esos pioneros del evangelio era creer, bendecir y dar todo para que un alma fuera salva, sanada y restaurada. No era la fe para obtener bienes y vivir llenos de lujos, era la fe de que, si se entregaba todo por Jesús, la recompensa y la bendición para mí y los míos estaban aseguradas en Dios.

Así mismo, Dios les suplía cada día todo lo que necesitábamos: hermanos y gente aparecían para bendecirnos hasta para la compra de alimentos. Pero eso no deja de ser una vida sacrificada y fuerte para un niño. Mis primeros juguetes fueron lápices de oficina y máquinas de escribir. Ya a los cinco años sellaba los sobres del ministerio y les colocaba los sellos postales para que la correspondencia llegara a tantos hermanos alrededor de toda la Isla de Puerto Rico, y más adelante a Estados Unidos, Centroamérica y América del Sur.

Mi vida era la escuela. Una vez terminada la jornada del día escolar, mis padres habían conseguido un local en la Carretera 167 en Bayamón, en los altos de una floristería y una agencia de viajes, quienes les facilitaron el área para que allí abrieran unas oficinas ministeriales. No había dinero, se los digo de corazón, solo vi a un hombre y una mujer accionados por la fe, con entrega y sacrificio.

Mis temas y conversaciones escuchadas a diario no eran las de una niña, eran temas de adultos. Se hablaba de situaciones, compromisos, liberación y cuántas cosas más. Desde aquel humilde lugar se forjaba el inicio de un gran ministerio y el depósito de entrega de una familia.

Mi vida comenzaba a tomar un giro diferente. Era la hija de ministros con arduas limitaciones y presiones. El tiempo pasaba rápido; crecía corriendo de un lado para otro. Mis padres viajaban predicando de una esquina a la otra de Puerto Rico, y allí estaba yo. Mucha gente piensa que crecí como una princesa, pero no fue así. La mayoría de las veces dormía en la parte de atrás de un bus viejo que mis padres tenían en aquella época, y cuando no, en los pisos de las iglesias hasta que se dijera el último amén. Allí estaba Kimmey Raschke, empezando una vida que sería muy distinta a la de todos los demás niños, en muchos sentidos: sacrificio y pasión por Jesucristo.

Este solo era el inicio para Dios empezar a prepararme para un llamado que no solo era de mis padres, sino que también se extendería a mí. Recuerdo que tanto mi mamá como mi papá, dentro de lo que tenían en aquel momento a su alcance, buscaron lo mejor para mí. Con mucho sacrificio y ayuda de quien en vida fuera el Rev. Manuel Cordero, mis padres me colocaron en el entonces Colegio Asambleas de Dios, en Bayamón, Puerto Rico. La hija del reverendo Cordero sería mi primera maestra. Todo apuntaba a una sobredosis de Palabra sobre mí, pero, sobre todo, de cuidados de parte de Dios. Allí estaría cursando mis primeros años, pero esto no me desvinculaba de la agenda ministerial.

Aprendí lo que era dormir con el uniforme puesto y levantarnos temprano al otro día para ir a la escuela. Definitivamente, esto producía una afinidad muy grande con el evangelismo, pues lo vivía 24/7. En aquella época, la vida ministerial era muy diferente a lo que veo hoy. No se trataba de cuánto podía obtener para mí y para los míos; se trataba de dar todo por el Señor, se pagaba un precio muy alto, el que con tristeza tengo que decir hoy, que muchos no quieren pagar, y el que otros han distorsionado con sus estilos de vida. Sin duda alguna sé que los tiempos han cambiado, hay muchas herramientas poderosas y más accesibilidad, pero la esencia de la entrega por la cruz de Cristo y predicar el evangelio, sí ha sido trastocada, y por eso hay una generación desconectada de lo verdadero y lo genuino.

Desde niña sentí un profundo temor y respeto por las cosas de Dios. Es que no basta con ser una hija de la promesa. Ahora el escenario estaba listo para ver con mis propios ojos que el Dios que mis padres servían era real. Crecí viendo milagros, las cruzadas evangelizadoras no paraban, veía las almas correr por miles para aceptar a Jesucristo; eso me sacudía.

Clamor y fe desde niña

A medida que pasaba el tiempo, la popularidad del apellido y la familia ministerial fue creciendo, y con ello los sacrificios. Aún recuerdo de niña cómo en mi casa fui marcada por fuertes manifestaciones espirituales. Cuando vivía en los apartamentos de Villa Navarra, mis padres y yo habíamos regresado de una cruzada en el Caribe y con ellos habían traído una muñeca de estas que son de lo que llamamos "artesanías locales" del lugar.

Era un ministerio fuerte de salvación y liberación el que se vivía en nuestro hogar. Mi mamá dejó la muñeca en la sala, en el primer piso del apartamento. A la mañana siguiente, cuando mi mamá bajó, observó que la muñeca ya no estaba en el lugar que ella la había dejado la noche anterior. Pensó que era un descuido de ella y volvió a colocarla en el mismo lugar donde la había ubicado antes. Pero al día siguiente, volvió a ocurrir lo mismo. Fue entonces cuando se percató que algo no estaba bien. Al día siguiente, la muñeca empezó a botar algo que era parecido a sangre. Inmediatamente, mi mamá le dijo a mi papá: "Está ocurriendo algo espiritual; debemos orar y sacar esto de la casa".

Mi mamá me llevó al segundo piso donde estaban las habitaciones, cerró todas las ventanas y comenzó a orar. Sentada en la cama, yo trataba de mirar por las ventanas que daban al pequeño patio que tenía el apartamento. Como niña al fin, tenía curiosidad por ver lo que pasaba y quería saber cuál era la urgencia que tenía mi padre cuando decidió quemar aquella muñeca.

Lo único que me decía mi mamá era: "No mires, y vamos a clamar a la sangre de Cristo". En efecto, los gritos de algo fuerte se escucharon de inmediato en el patio. Los perros aullaban, mi madre seguía orando, y la muñeca no quería ser arropada por el fuego. Había sido dedicada en un acto de hechicería. Yo escuchaba a mi papá, con una autoridad feroz en el Espíritu, cuando decía: "¡Sal fuera, no tienes acceso a nuestra casa, la sangre de Cristo cubre este hogar!".

Tal vez puedes pensar que es puro cuento lo que te estoy narrando, pero esa fue una de mis primeras experiencias como niña dentro del ministerio. Sabía que el Dios de mis padres era real, pero también

9

lo era el mundo espiritual. Desde niña entendí la seriedad de lo que era servirle a Dios, y que existía un enemigo que realmente odia a los hijos de Dios.

Desde ese día, yo creo que mis papás no aceptaban regalos, ni nada que les dieran de lo cual ellos no tuvieran conocimiento de su procedencia. Mi vida no era la vida de cualquier chica normal, pero estoy convencida de que lo que vi me hizo entender y aferrarme al Único que tiene todo el poder y la autoridad, al Único que tiene autoridad para que los espíritus inmundos salgan, Jesús de Nazaret.

Mis padres no vivían lo que hablaban tan solo en el altar y frente a las grandes multitudes. Lo que me marcó como "hija de la promesa" era que lo que hablaban frente a toda esa gente, se vivía y se practicaba en mi casa. Los días que no había compromisos ministeriales, que, por lo general, eran los sábados en la mañana, aún tengo frescos en mi memoria el sacudir de la larga cabellera recién lavada de mi madre, y a mi papá con su largo pantalón sin camisa sentados en la sala esperándome para dar el altar familiar. Ahora la cruzada sería en la casa.

Me río mientras escribo, porque realmente en aquella época pensaba que esto parecía no tener fin, pero qué alegría tan grande sentarme a tener un tiempo sin micrófonos y sin multitudes, ellos tan solo para mí. Recuerdo que mami leía una historia bíblica, cantábamos y papi oraba. Al final, estaba siendo inyectada de una dosis sobrenatural de Dios que sería insuperable en mi vida.

"Instruye al niño en su camino, y aun cuando fuere viejo no se apartará de él" (Proverbios 22:6).

He escuchado este texto hasta el cansancio. Pero no lo repitas, vívelo en tu casa, practícalo.

Aprende quién eres

Los sermones pueden escucharse preciosos desde un altar, pero el ejemplo puede marcar la vida de alguien para siempre. No pretendas que tus hijos vivan lo que tú no vives, si no lo muestras con el ejemplo. No hay nada que fortalezca más una vida en formación, a un "hijo de la promesa", que las acciones. Las palabras se las lleva el viento, pero lo que tú practicas marcará para siempre a los tuyos. Cuántos hijos de pastores y ministros, hijos de la promesa, necesitan saber que no están, ni estuvieron solos en la sacrificada vida ministerial, pero ese es otro tema para otro libro.

En muchas ocasiones, el pronóstico de la gente para los hijos de la promesa, diría más bien que, en la mayoría de las ocasiones, no será el mejor. Yo lo viví, pues desde niña fui marcada por las palabras de mis padres, la manifestación del poder de Dios, las palabras de la gente que también dejaron su huella; era inevitable. Estaba creciendo en el mundo real y estaba siendo preparada para ser una mujer real, no para ser una princesa. Me tocaba a mí y solo a mí descubrir mi verdadera identidad y propósito. Nadie podría hacerlo; esa sería mi asignación.

Cada escenario de la vida te estará preparando y te estará haciendo más fuerte, con las herramientas necesarias y el suficiente equipaje para enfrentarte a todo lo que el enemigo pueda traer para distorsionar y tratar de dañar quién tú eres en el reino de Dios.

"El Espíritu mismo da testimonio a nuestro espíritu, de que somos hijos de Dios. Y si hijos, también herederos; herederos de Dios y coherederos con Cristo, si es que padecemos juntamente con él, para que juntamente con él seamos glorificados" (Romanos 8:16–17).

Este es uno de mis textos preferidos. Eres hija, y quien da testimonio de ti es el Padre. Él dijo: "Ella es mi hija". Y también tienes derecho a una herencia. Tienes que estar convencida, asumir tu identidad y caminar afirmando la verdad de la Palabra de Dios en tu vida. Esto te llevará cada día a vivir en la plenitud para la cual fuiste creada, porque el Espíritu mismo da testimonio de que somos hijos de Dios. Yo creo que este es un buen tiempo cuando, a pesar de cualquier otra circunstancia, pronóstico y panorama, podrás comenzar a celebrar que tú y yo somos hijos.

"Mas vosotros sois linaje escogido, real sacerdocio, nación santa, pueblo adquirido por Dios, para que anunciéis las virtudes de aquel que os llamó de las tinieblas a su luz admirable..." (1 Pedro 2:9).

Recuérdale a todo aquel que te ha menospreciado, háblate a ti misma, a tu espíritu, quién te adquirió y quién te posicionó para esta hora. Si puedes entender esto, tendrás el paquete completo de tu vida. Podrás mirar de frente a cualquiera con la certeza de que eres linaje escogido. Lo que es escogido, es separado, es cuidado con detalles. Mi mamá siempre me decía: "Un diamante, aunque caiga en el fango y esté lleno de tierra, siempre seguirá siendo un diamante". Graba bien esto: Nadie tiene derecho a robarte estas promesas de Dios para ti que ya fueron diseñadas para tu vida.

Quizás has tenido un inicio en tu caminar de vida que no ha sido el mejor. No serás la primera, ni la última. Quizás las cosas no han sido como hubieses deseado, pero aún dentro de eso que no entiendes y que parece mal, Dios sigue teniendo propósito para ti, para afirmarte en su Palabra.

"Vosotros que en otro tiempo no erais pueblo, pero que ahora sois pueblo de Dios; que en otro tiempo no habíais alcanzado misericordia, pero ahora habéis alcanzado misericordia" (1 Pedro 2:10).

Vivimos bajo su misericordia, y su misericordia también nos da identidad. Su misericordia te alcanzará donde quiera que vayas o estés. Celebro que eres hija de la promesa y que dentro de lo que te está tocando vivir, la manifestación del Padre que te conoció desde antes de la fundación del mundo, tendrá y seguirá teniendo cuidado de ti y de mí.

"Según nos escogió en él antes de la fundación del mundo, para que fuésemos santos y sin mancha delante de él, en amor habiéndonos predestinado para ser adoptados hijos suyos por medio de Jesucristo, según el puro afecto de su voluntad, para alabanza de la gloria de su gracia, con la cual nos hizo aceptos en el Amado" (Efesios 1:4–6)

Si de algo estoy cansada es de ver a mujeres sin rumbo, gente sin rumbo, creyendo las primeras palabras susurradas por alguien en su contra. Me cansé de ver cómo se hace ruina del propósito de alguien por la sola idea comprada de que no tienes razón de ser, ni un destino en Dios. Yo creo firmemente que llegaste para esta hora, y que cada día, cada hora, cada minuto que caminas por este mundo tiene una razón de ser, que fue predestinada porque Él nos hizo sus hijos mediante Jesucristo.

Eres nacida con propietario y un destino en Dios, y lo vas alcanzar por encima de lo que diga la gente. Lo podrás alcanzar cuando decidas despojarte de todo lo que te atrasa en el caminar y puedas mirar cada experiencia vivida como solo la preparación para este momento que vives hoy. Yo te aseguro que mi inicio y cada etapa de mi niñez, aún dentro de los obstáculos y momentos dolorosos, Dios tuvo el cuidado perfecto para protegerme para este tiempo y escribir estas líneas que están bendiciendo tu vida ahora. No pierdas más el tiempo en dar vueltas sobre el mismo pensamiento contrario, sobre tu pasado. Ubícate en el presente, en lo próximo que Dios va a hacer.

Sé que hay alguien que mientras lee es sacudido y tocado por el Espíritu Santo, porque muchos aun dentro de la Iglesia hemos enfrentado esta batalla, donde el enemigo trata de distorsionar, de alterar el principio, para desviarnos de alcanzar todo lo que Él ya tiene separado para cada una de nosotras.

Levanta tu rostro, respira y créelo. Vamos, repítelo conmigo y créelo con todo tu corazón: "Yo soy hija de la promesa". Dilo en voz alta mientras lees: "Yo soy hija de la promesa". Sí, así es, tú eres hija de la promesa. **#MujerReal**

Capítulo 2

LAS ESTERES TAMBIÉN
SUFREN DE MIEDO

*Y había criado a Hadasa, es decir, Ester, hija de su tío, porque
era huérfana; y la joven era de hermosa figura y de buen parecer.
Cuando su padre y su madre murieron, Mardoqueo la adoptó como
hija suya. Sucedió, pues, que cuando se divulgó el mandamiento
y decreto del rey, y habían reunido a muchas doncellas en Susa
residencia real, a cargo de Hegai, Ester también fue llevada a
la casa del rey, al cuidado de Hegai guarda de las mujeres.*
(Ester 2:7–8)

QUIERO AFIRMARTE QUE no hay nada malo en vivir tu realidad
tal cual es. Por eso, te comparto esta palabra, porque mientras
más real y genuina seas, más lograrás derribar los argumentos del enemigo contra tu vida. Tú fuiste creada con propósito; de eso te hablé
en el capítulo anterior. Pero lo que te voy a hablar ahora puede romper tus esquemas religiosos o paradigmas tradicionales. Aún nacida
bajo promesa y propósito, tendrás momentos donde también sentirás
miedo y temor.

He descubierto que las Esteres, sí, ella misma, la que fue huérfana,
secuestrada y llevada al palacio ante un hombre que se llamaba Rey
y solo conocía de nombre. Ella también sintió miedo. No me digas
que tú no lo hubieras sentido si hubieras estado en las mismas circunstancias que ella estuvo. Podrás decir: "Pero ¿cómo va ser esto, si
Ester se enfrentó a Amán en el palacio?". Claro, así fue, pero ¿realmente tú crees que no sintió miedo, y se llenó de inseguridad ante
un panorama que no estaba en su agenda y que mucho menos ella

15

podía controlar de ninguna manera? Por supuesto que cualquiera de nosotras temblamos de solo pensar en situaciones extraordinarias como esta.

En la época que me criaron mis padres en Puerto Rico, había la moda de que en cada evento escolar o en alguna actividad de niños en la iglesia vestían o más bien disfrazaban a uno de algún personaje. En uno de esos eventos, mi mamá decidió vestirme de la reina Ester. Creo que por eso la historia en mi vida era algo trillada, y no me tomes a mal, pero en mi caso se volvió casi una obsesión, no tanto para mí, sino para mi mamá. Me hicieron a la medida un traje espectacular. La verdad es que era hermoso, de color rosa, pero algo serio. Mi mamá buscó unos rizos postizos que pesaban en cantidad, de esos de mentira, y una corona espectacular que no era de plástico. Era lo más parecido a una de Miss Universo, pero en versión infantil.

Lo recuerdo como si fuera hoy: la compraron en una famosa tienda en San Juan en el área de Río Piedras, donde los puertorriqueños iban a realizar las mejores compras en aquel entonces. El asunto se dio, así que me convertí en la reina Ester. Lo más grande fue realmente que mi presentación fue todo un éxito. Aunque como niña era algo diferente, ahora con toda seriedad ciertamente una vez más Dios está cercándome, estaba siendo marcada para bien. Jamás olvidé ese personaje de la Biblia. ¿Cómo hacerlo si había sido reina por un día?

Esa niña vestida de Ester ya estaba creciendo llena de miedos e inseguridad. Me había convertido en la chica más tímida del mundo y, además, me sentía que era la más fea. En nada me parecía a la Ester de la que hablaban. Eso creía yo hasta que pude entender que las que llevan coronas o están en grandes posiciones también sufren de miedo. Al paso de los años, siempre que una palabra profética era lanzada sobre mi vida, venía la figura de Ester a mi mente, y más adelante entenderán por qué Dios usaba en mi vida ese personaje tan fuerte y de manera tan peculiar.

Me fascina esta mujer real de la Biblia, aunque te confieso que cuando ministro en tantos congresos o reuniones de mujeres siento que han utilizado su historia hasta el cansancio y eso le provoca desgaste. Durante mi niñez, no la amé mucho. No podía entender muchas cosas, pero en una determinada temporada de mi vida me identifiqué mucho con ella.

Quiero que sepas que detrás de la vida de esta mujer y de esta poderosa historia hay mucho más que una corona o el cuento que todos quieren proyectar de la típica princesa con las mejores galas, *spa*, carteras caras, mega maquillaje. Cuán cansada estoy que se proyecte una mujer fuera de su realidad, su espacio, su momento más crítico en la vida. Aparte de que era huérfana y criada por su tío, hay algo más profundo que esta historia quiere brindarte: que puedes vencer ese fantasma que se llama *miedo*. Puedes caminar en lugares inhóspitos y creer que Dios no te va a dejar. Puedes sentirte fea, como nos ha pasado a todas, y Dios traerá a alguien para mimarte.

Muchas veces Dios permite los secuestros al palacio para trabajar con áreas de nuestra vida que nadie conoce. Él solo quiere liberarnos, mimarnos, posicionarnos, para luego poder entregarnos la corona. Me costó tiempo y muchos años ser libre del miedo, la timidez y la inseguridad. Cuando creces en ambientes donde hay demasiada presión, la gente demanda demasiado de ti y suele nacer dentro de ti la inseguridad; al menos ese fue mi caso.

Nuestra vida era pública, yo vivía entre multitudes; todo había ido demasiado rápido. Mis padres empezaban a ser reconocidos en todas partes, las posturas controversiales y proféticas de mi papá generaban amenazas sobre nuestras vidas. Literalmente, se recibían cartas amenazando con secuestrarme de la escuela, si no dejaba de predicar de la forma en que lo hacía. Todo eso se iba sumando en mi diario vivir y en mi ser interior. Ya en la década de los ochenta, había estado en Colombia y sabía lo que era la persecución: caminar a oscuras por las calles, huyendo, porque nuestra familia estaba amenazada de muerte. Con apenas ocho años, ya temía por mi vida y la de mis padres.

Mucha gente tratará de sembrar y también de alimentar en ti esa semilla del temor. No les permitas que lo hagan. Llegué a escuchar de niña, de algunas de las tantas personas que nos rodeaban a diario en la vida ministerial, decir: "A esa niña le comieron la lengua los ratones, casi no habla". Fue una expresión que el enemigo trató de utilizar para afirmar los miedos dentro de mí. Les tenía miedo a los micrófonos, a hablar mucho.

Vencer el miedo

Siendo una niña callada y aislada, vacié mis miedos dedicándome plenamente a estudiar. Leía libros mientras mi papá predicaba. Lo recuerdo como si fuera hoy; era mi escape. Pero algo que hoy sé es que el pleno susurro del cielo sobre mí me decía: "Kimmey, algún día, toda esa gente que solo ve y percibe tu miedo van a ver lo que voy hacer en ti. La burla y la oposición pueden tratar de anularte o de alimentar tus inseguridades, pero tú decides si les das acceso, o lo usas como el motor para decidirte a que un día todo cambiará dentro de ti.

Al paso del tiempo, cuando hablaban y los escuchaba, lograba decirme a mí misma: "Voy a vencer". Aún recuerdo la primera campaña evangelizadora donde le dije a mi papá: "Quiero una participación, voy a cantar". Mi papá me dijo: "Claro que sí". Estaba aterrada, tenía hasta un papel en mi mano con el coro que iba a cantar, acompañada de la voz de la agrupación de aquel entonces muy conocida en Puerto Rico, The Christian Sound.

La noche anterior le dije a la directora del grupo: "¿Cree que pueda ayudarme a cantar?". Su respuesta fue afirmativa, y me dijo: "Vamos a cantar ese himno que dice 'yo sé que fue la sangre, yo sé que fue la sangre la que me redimió a mí, yo ciega fui, mas por su sangre vi'". No sé si lo recuerdan. Era un himno de esos de la vieja escuela, de los años ochenta, cuando en la iglesia se cantaban estos coros y eran muy conocidos. Realmente ya algo estaba despertando dentro de mí, el infierno tendría noticias. Sabría que, aunque tuviese miedo, tenía lengua. Hoy me río, pero para mí era un gran reto. Estaba dando mis primeros pasos sin saber que, por supuesto, me faltaría mucho por recorrer.

Las Esteres son esas como tú que no entienden que para esta hora han sido llamadas, y las que aun cargando la corona y Dios habiendo hecho algún milagro a su favor, siguen llenas de miedo. Vamos... es hora de sacudirse y entender que, a pesar de todo lo que puedas estar sintiendo, el plan de Dios para ti es uno de bien y no de mal. Decídete a vencer.

Esta conversación que registra la Biblia entre Ester y su tío Mardoqueo me estremece. Es un diálogo que si hubiese sido hoy pudo haberse dado por WhatsApp o tal vez por Messenger, o ambos. Hubiese sido muy interesante, porque su tío le está diciendo: "Sé que estás ahí, perfecto, todo es bello, pero tienes miedo, y Dios te llevó ahí para tratar contigo. Si tú logras actuar y vencer, no solo tú serás libre, sino todo un pueblo" (paráfrasis del autor). ¡Qué confrontación! Ella tenía la corona, pero ahora tenía que vencer el temor, el miedo de enfrentar hasta la misma muerte para finalmente cumplir su misión.

> "Entonces Ester dijo a Hatac que le dijese a Mardoqueo: Todos los siervos del rey, y el pueblo de las provincias del rey, saben que cualquier hombre o mujer que entra en el patio interior para ver al rey, sin ser llamado, una sola ley hay respecto a él: ha de morir; salvo aquel a quien el rey extendiere el cetro de oro, el cual vivirá; y yo no he sido llamada para ver al rey estos treinta días. Entonces dijo Mardoqueo que respondiesen a Ester: No pienses que escaparás en la casa del rey más que cualquier otro judío. Porque si callas absolutamente en este tiempo, respiro y liberación vendrá de alguna otra parte para los judíos; mas tú y la casa de tu padre pereceréis. ¿Y quién sabe si para esta hora has llegado al reino?". (Ester 4:10–11, 13–14).

Las Esteres también sienten miedo, pero quiero que no te enfermes de miedo, sino que estés segura de que ese es solo el punto de partida para llegar ante el cetro, y que el mismo nos sea extendido. Lo que parecía que era un mal, pronto al paso del tiempo sería vencido y cambiado dentro de mí como puede ocurrir también en ti. Me reafirmo y creo que tú puedes vencerlo. No es malo saber que el temor está ahí, que existe. Lo verdaderamente malo es dejar que se apodere de ti.

"Desde la angustia invoqué a JAH, y me respondió JAH, poniéndome en lugar espacioso. Jehová está conmigo; no temeré lo que me pueda hacer el hombre" (Salmo 118:5–6).

El Señor está contigo, es hora de que asimiles esa palabra poderosa. Todas hemos sentido miedo. A veces siento que el mundo, y peor aún, la Iglesia, necesita crear la imagen de que somos superhéroes. Pero no es así, y te invito a que no te sientas mal. Si estás enfrentando esta temporada en tu vida, como la enfrenté en más de una ocasión, tienes que reconocer que ese sentimiento te acompaña, pero no te hace menos. Tampoco anula la promesa de Dios para ti, como no la anuló para mí. Solo decidí caminar, a pesar de lo que sentía, y créeme, Dios siempre va a honrar tu fe (ver 1 Samuel 2:30).

Él nunca te dejará en vergüenza, porque la fe es el escudo contra el miedo y la inseguridad. La fe no es un superhéroe. La fe es lo que se vive y se cree, a pesar de que no lo estoy viendo.

"Es, pues, la fe la certeza de lo que se espera, la convicción de lo que no se ve. Porque por ella alcanzaron buen testimonio los antiguos. Por la fe entendemos haber sido constituido el universo por la palabra de Dios, de modo que lo que se ve fue hecho de lo que no se veía" (Hebreos 11:1–3)

Quise compartir contigo más allá del versículo que estás acostumbrada a escuchar y leer, porque por la fe entendemos, comprendemos, que todo el universo, todo cuanto somos y hacia dónde vamos está bajo el control de quien creó el universo. Entonces, ¿por qué no actuar? Llegó la hora de ser genuinos. Si sentimos algo dentro de nosotros ahogándonos, la única manera de vencerlo es confrontándolo, caminando por encima del miedo.

Dios está buscando gente que se atreva a accionar, aunque le tiemble hasta los dientes. Hazlo como una mujer real que, aunque estés temblando, caminarás por encima del miedo. Cuando el temor me sobrecogía, parecía una castañuela. Me solía suceder que los dientes me trillaban. Era algo que consideraba horrible y que no podía controlar; era que temblaba, y el sonido era tan fuerte que otros lo escuchaban. Detestaba que eso me ocurriera, porque para mí era la más grande señal de debilidad, pues era clara evidencia de mis miedos.

Con el paso del tiempo, descubrí algo cuando eso me ocurría: podía hablar, aunque los dientes me sonaran. Te lanzo un reto: ¡No te intimides! ¡Vamos, habla, aunque te tiemblen los dientes!

Todas las Esteres, en algún momento, hemos tenido miedo del porvenir. A todas nos ha visitado la Sra. Inseguridad de una manera u otra. Solo hay un problema y es cuando permites que ella te domine, te controle, pues no te deja ver claramente y mucho menos actuar. Es hora de accionar, aunque no entiendas lo que está pasando. Vence ese fantasma dando pasos de fe.

> "En el día que temo, yo en ti confío. En Dios alabaré su pala-
> bra; en Dios he confiado; no temeré; ¿qué puede hacerme el
> hombre?" (Salmo 56:3–4)

En otras palabras, David está diciendo: "Si yo confío en Él y descanso en el poder de su fuerza, aunque tenga miedo, estoy convencido de que el hombre no puede dañarme". Declávalo mientras lees: "Yo confío en ti, Señor".

Tuve que aprender a confiar plenamente en Dios. Me tomó tiempo, años, pero fui libre, y a través de este libro conocerás áreas de mi vida, donde a lo largo del camino muchas veces tuve que enfrentarme, como una mujer real, a ese fantasma llamado temor.

Hoy he decidido seguir, aunque me trillen los dientes porque, aunque ya no me preocupa como cuando era niña, mientras esté en este mundo siempre tendré que enfrentar el miedo y muchas cosas más. Quien te diga que vivir en Cristo es vivir sin problemas, sin luchas, te miente. Lo maravilloso de todo eso es aprender a vivir descansando en Él y entendiendo que Él ya venció por ti y por mí; así que solo nos resta actuar.

"Estas cosas os he hablado para que en mí tengáis paz. En el mundo tendréis aflicción; pero confiad, yo he vencido al mundo" (Juan 16:33).

Tener paz en Él, amiga, es una decisión que puede ser real, aun en medio del temor. Tú puedes ser libre para caminar aun sintiendo un tsunami dentro de ti. Cada vez que lo sientas, recuerda esta palabra: "Yo he vencido al mundo". Cristo ya venció.

"Si perezco, que perezca"

Hay una gran verdad que muchos no querrán decirte, porque les es más fácil promocionar el concepto de que siempre serás guerrera. No siempre estarás sin pasar por circunstancias. Yo prefiero que sepas que las Esteres, en muchas ocasiones, no serán exentas de sus procesos, escuelas y asignaciones. Hay una sola manera en que podrás tocar el cetro del Rey: cuando decidas dar el paso, decidas creer y vencer todo lo que te ha paralizado hasta hoy. ¿Estás dispuesta a decidirte? Espero que tú seas la próxima, que puedas decir: "Estoy lista para hacer lo que tenga que hacer".

"Y Ester dijo que respondiesen a Mardoqueo: Ve y reúne a todos los judíos que se hallan en Susa, y ayunad por mí, y no comáis ni bebáis en tres días, noche y día; yo también con mis doncellas ayunaré igualmente, y entonces entraré a ver al rey, aunque no sea conforme a la ley; y *si perezco, que perezca*" (Ester 4:15–16, énfasis de la autora).

Reto a esas mujeres que están decididas, a que puedan accionar ese depósito de fe que ha estado enterrado por años y que, por alguna razón, dejaron que se durmiera. Reto a esas que están dispuestas y listas para entrar al lugar secreto, ese lugar donde todo es entregado, donde puedes rendirte en plena confianza, porque es el lugar donde te espera el Rey.

Quiero que puedas ser libre como para decir: "Si perezco, que perezca". ¡Qué declaración tan poderosa! El día que mi mamá me vistió de esta mujer tan poderosa llamada Ester, jamás pensé que esa declaración sería la más importante de mi vida. Fue tan importante que, hasta en lo natural, se cumplió, porque literalmente llegué a estar en el palacio, llegué a ser una mujer de gobierno, ocupé una posición de importancia en mi país, siendo la primera ministra evangélica abiertamente que llegaba allí sin vender su fe.

Es que no solo cargué el traje que con tanto amor me había hecho ella. Ahora cargaba una palabra que no solo me llevaría a imaginar a aquella reina, sino que me impulsaría y, por consiguiente, me llevaría a empezar a romper los miedos que estorbaban mi crecimiento. Era la primera dosis del cielo para ser libre de aquel miedo que ya me zarandeaba y afectaba mis emociones. Muy pocas veces me atrevía a decir como hoy: "Si perezco, que perezca".

Creo que hay demasiados estribillos emocionales. Las declaraciones de fe no nacen de la emoción, nacen de la convicción de que Dios está contigo, veas o no veas nada. Tienes que decirte a ti misma, como lo hice yo durante los procesos duros de mi vida: "Voy a hacerlo, aunque no tenga fuerzas; voy a intentarlo, aunque las cosas no salgan como espero". Cuando das ese paso y lo haces, tú ya estás venciendo.

Te comparto y te soy sincera, hubo una etapa en mi vida donde me activé dentro de la política puertorriqueña. Tuve la oportunidad de correr para ocupar una silla en la Asamblea Legislativa de mi país. Cuando comenzó el proceso de entrar en el ruedo de la política, del cual hablaré más adelante con más detalles, yo era de las que visitaba casa por casa, sin recursos, solo creyendo una palabra y secuestrada por Dios para una misión. Así fue que hice mi campaña política. Sin embargo, tenía el apoyo incondicional de mi amado esposo Freddie, quien ha sido el hombre que me ha acompañado por 24 años de mi vida y a quien admiro por ser mi balance y ser usado por Dios para hablarme e impulsarme a creer todo lo que el Padre nos ha hablado.

En una de tantas ocasiones, luego de una extenuante y agotadora caminata, cansada de subir y bajar escaleras, recuerdo que subí al vehículo que Freddie siempre conducía (un carro viejo que nos acompañó hasta hace poco). Estaba llena de miedos, sudor y cansancio, y él olfateó mi temor. Era que al ver cómo las demás campañas tenían tanto y yo sentía que tenía tan poco, le dije: "No creo que pueda con esto, tengo miedo; míranos, no tenemos todo lo que tienen ellos económicamente". Mi esposo, un hombre humilde que casi no habla, pero cuando habla, Dios lo usa, me miró fijamente, y con gentileza y amor, me dijo: "Kimmey, ¿qué es lo peor que puede pasar, que no salgas electa? Si no tienes lo que ellos tienen, al final del día lo intentaste. Mañana no tendrás nada de qué arrepentirte. No te levantarás reprochándote que no lo hiciste, pero ¿sabes algo más? Si Dios está contigo y Él habló, eres tú quien tienes que decidir: o le crees al miedo o le crees a Dios".

Es ese el momento donde no tienes palabras para debatir. Simplemente respiré de manera profunda, lloré, mi esposo me abrazó, y me dijo: "Todo va a estar bien". Así mismo te dice nuestro Padre celestial: "Todo va a estar bien". Por eso, esta declaración de Ester la hice mía: "Si perezco, que perezca". Voy a intentarlo, ¿qué pierdo en dar pasos de fe? Nada. Por eso hay tantas mujeres paralizadas, atribuladas, anuladas. Inténtalo, dilo: "En mí está la capacidad, y aun cuando no todo salga como espero, estaré aprendiendo, estaré creciendo, estaré madurando".

Parece radical, pero eso es ser libre y posicionada. Deseo que tengas claro que, al final del día, lo único que Dios quiere darte es acceso a su trono. Lo único que Él quiere es bendecirte; Él ya lo hizo de una manera única. Así es el trato de Él contigo: único.

Llegó la hora de ser reales, genuinas, y decir: "No siento miedo, soy una mujer victoriosa". No hables de la boca para afuera para complacer a los que te presionan a decir algo que no sientes. Vence y habla tu verdad. Eso sí es un palo para el infierno, porque entonces haces tuyas las palabras que dicen claramente: "Diga el débil: fuerte soy" (Joel 3:10). Dilo convencida de que estás caminando por encima de todo lo que pueda estar tratando de paralizarte en cuerpo, alma, mente y emociones.

Forja tu espada, haz lo que tienes que hacer, y lánzate. Las Esteres vencen sus escenarios, trillan los dientes, les inunda la duda, pero cuando se deciden a forjar sus espadas, a caminar, a trabajar, a luchar, a creer en sí mismas, logran el acceso al Rey, logran lo que para otros parece imposible. **#MujerReal**

Capítulo 3

¿DÓNDE ESTÁN LAS MUCHACHAS?

Y de Siria habían salido bandas armadas, y habían
llevado cautiva de la tierra de Israel a una muchacha,
la cual servía a la mujer de Naamán.
(2 REYES 5:2)

CREO QUE HE escuchado la historia de Naamán miles de veces, como hija de ministros y siendo ministra. Todo el mundo habla del gran general del ejército de Siria, pero muchos menosprecian la joven que fue la que comenzó toda esta fascinante historia. Hasta algunos tragan gordo al tener que reconocer que la muchacha, que no tiene nombre, fue la que pudo entender su asignación divina en medio de su cautividad.

Así pasa hoy con muchas mujeres en diferentes escenarios, cristianos, seculares, profesionales. Suelen dejarse intimidar por los que otros piensan y hasta terminan menospreciando sus capacidades. Es entonces que me identifico con esta chica que, como otras en la Biblia, no mencionan su nombre, pero su acción dejó huellas que cambiaron futuras generaciones.

En un tiempo donde la gente vive impresionada por los títulos y las posiciones, me fascina encontrar en la Biblia mujeres como ella, atrevidas, sutiles y sabias. Sé que hay muchas mujeres, porque lo vivo y lo veo en cada congreso donde ministro, que tienen una identidad tan fuerte en Dios que aun en un lugar donde nadie espera que ocurra nada son capaces de provocar cambios, como lo hizo esta joven, aunque nunca dijeran, ni mencionaran su nombre y apellido. Lo único que quedó plasmado de esta chica fue su historia de vida en las páginas de la Palabra de Dios.

Por eso me pregunto: *¿Dónde están todas esas muchachas dispuestas, disponibles para hacer la diferencia, donde nadie ve posibilidad alguna?* Si algo hermoso me enseñaron mis padres fue el servicio, el bendecir a otros. Dentro de la vida ministerial, llena de inmensos sacrificios, aprendí a desprenderme de lo que llevaba mi nombre para ayudar a otros que necesitaban. Mi celebración de Navidad de juguetes y regalos llegaba después de repartir las ayudas y regalos a los más necesitados en Puerto Rico, Venezuela, República Dominicana y tantos lugares. Era parte de nuestra vida como familia y de la labor del ministerio. Se predicaba, pero se ayudaba a la gente. Ese era mi entorno y mi diario vivir. Con eso presente crecí, no solo hablándolo, sino poniéndolo en acción desde nuestro hogar como familia.

La gente es experta en este tiempo buscando el reconocimiento, el aplauso, la fama, los títulos, los nombres, y hasta descalificando a la gente según sus conceptos e ideas. Sin embargo, Dios está calificando a toda mujer que esté dispuesta. Esta joven, una muchacha cautiva en Siria, tenía la capacidad de ingeniar, hablar, bendecir en medio de su propia crisis. Nadie quiere ir secuestrada a un lugar, desterrada de su familia y, para colmo, a servir a gente desconocida. Ese no era el lugar perfecto, pero era su verdad y su realidad. Dentro de ese panorama, ella tenía el poder decisional para quedarse en lamento, amargura, hablando de lo mismo, o hacer algo diferente para bendecir.

Una mujer real no necesita el reconocimiento de la gente para hacer lo que fue llamada a hacer. Una mujer real está convencida, su autoestima no depende del entorno, está clara que en todo lugar brillará. Esta muchacha estaba convencida de que ella podía aportar algo para cambiar el panorama adverso del lugar donde estaba, fuera de su deseo personal. El problema de hoy es que estamos demasiado centrados en nosotros mismos. El mundo de mucha gente no gira nada más que en torno a lo que ellos viven y sufren. Quiero decirte, querida amiga, querida mujer real, que siempre habrá alguien que al estar pasando por algo peor de lo que tú puedas estar viviendo, tu actitud hará la diferencia en su vida.

La fe no niega la realidad

Si de algo te haré énfasis en este libro es el no negar tu realidad. Escucho a muchos decir: "Esto no me está pasando", "No recibo esta enfermedad". Están negando sus verdades como si eso cambiara la realidad de lo que están viviendo. La fe no niega la realidad; la fe te hace caminar por encima de la adversidad. Negar no va a resolver nada; decir que no estás cansada, cuando estás agotada, no cambia tu sentir. Pero tener los pensamientos correctos y saber confiar en el Dios que nos sostiene en medio de la adversidad, hará la diferencia y te llevará a que tu vida pueda ser útil para ayudar y bendecir a otros, aun en tu peor momento.

Creo que es tiempo de dejar a un lado el yo; ese yo que tanto nos desconecta y nos hace concentrarnos solo en nosotros mismos, sin entender que Dios siempre tendrá el control de todo lo que nos sucede, y créeme, algo bueno saldrá aun de tu dolor. Vamos, ¿dónde están las muchachas que puedan estar convencidas de sus verdades, de sus realidades, pero no van a dejar de caminar y confiar en el Padre que tiene cuidado absoluto de nosotras?

Esa muchacha dejó de pensar en ella y solo en ella. Es que el momento que aprendes a desprenderte, soltar tus preocupaciones y trabajar en favor de otros y lo que crees, Dios se va a encargar de resolver tus situaciones, y donde estés, allí te exaltará. Desprenderte de tus preocupaciones te llevará a agilizar tu bendición. Por naturaleza, nosotras solemos preocuparnos demasiado por los nuestros y por nosotras, por lo que se nos hace difícil desprendernos de aquello que amamos para bendecir a otros. Si me dices que no te cuesta, no te creo, porque a mí me ha costado en muchas ocasiones.

Esta muchacha cautiva en una casa ajena, una familia que no conocía, con todos los planes de su vida alterados, ahora le tocaba servir. Muchas veces pensamos que nos hemos desprendido de todo, y algunos son tan religiosos que sienten que hasta flotan, hasta el día que nos llega la hora de la verdad. Llega la hora donde tus planes de vida son alterados, la hora donde tienes que enfrentarte al peor de tus escenarios, y es ahí cuando se necesita una conexión genuina con Dios.

Hubo una etapa en mi vida cuando fui cautiva de la presión y de las palabras de la gente, pero, al mismo tiempo, mi corazón estaba cautivo por los planes que yo sabía, muy dentro de mí, Dios tenía para mí. Pensaba que me había desprendido de todo y aprendido a dar, pero no fue hasta que llegaron ciertas situaciones a mi vida que entendí que me faltaba mucho más; apenas estaba comenzando.

La gente siempre me llamaba cariñosamente, y aún me pasa, "la nena de Raschke" o "la hija de Raschke". Eso te lleva en cierta manera a perder tu nombre. No me malinterpretes, nunca lo tomé a mal. Todavía hoy, muchas personas me siguen llamando así, y sé que lo hacen con gran amor y respeto. Pero no necesariamente lo que Dios va a hacer contigo depende de tu apellido, ni de tu estirpe familiar. En muchas ocasiones, dependerá de tu disposición y de cuán desprendida estás para bendecir, sin negar tu realidad, aunque esta sea la más dura y triste que puedas estar pasando.

Las mujeres reales no niegan su realidad, ni los escenarios donde la vida las ha llevado ni las desgracias que les ha tocado vivir, porque siguen siendo mujeres de carne y hueso. Te repito, veo a tanta gente, iglesias, grupos, que piensan que la fe es negar la realidad, decir que no está pasando lo que está pasando, no. La fe te mueve, te lleva a mirar de frente a tu peor escenario y enfrentarlo con la certeza de que Cristo ya venció en la cruz y por medio de Él está garantizada nuestra victoria.

Servir y bendecir

Esta joven tenía dos opciones: o se quedaba sentada observando su mal o entendía que algo ella podía provocar. El hecho que la Biblia no destaca su nombre me hace enamorarme más de su historia, porque todas las que hemos vivido bajo algún tipo de presión y de lo que espera la gente de nosotras, nos lleva a ser confrontadas. Simplemente hay momentos donde desde el anonimato haremos mucho más que algunos que han sido reconocidos. Ha habido momentos en mi vida donde Dios me ha permitido conocer a mucha gente, situaciones que no contaré y las guardaré en mi corazón, pero han sido permitidas por Dios para bendecir a alguien, porque no todo se trata de ti solamente.

En este tiempo se necesitan mujeres reales que puedan vencer el rechazo y la invitación de quedarse sentadas bajo la gran sombra particular de su dolor. Se necesitan muchachas que puedan ser sabias, que no se avergüencen del lugar de origen, ni del lugar donde les ha tocado estar en esta hora ni mucho menos del Dios que te ha sostenido y que te sostendrá, a pesar del pronóstico del hombre. Se necesitan muchachas que, aunque sus planes de vida hayan sido alterados en lo natural, puedan ver más allá y entender que lo que sus pies pisen, ese territorio será entregado a su favor para bendición (ver Deuteronomio 11:23-24). Eso incluye el lugar donde estás ahora y hacia dónde vas. Dios nunca te dejará desprovista, si tu corazón logra entender que habrá momentos donde te servirán, y otros donde tendrás que servir, y eso no te hará menos importante.

Las muchachas tienen que estar convencidas de que cargan la bendición, no importa lo que diga la gente. Las muchachas sirven con gozo, porque saben que todo lo que nuestra mano toque, prosperará. No te eches a morir en el lugar de tu dolor, porque puede resultar que ese no sea el lugar para morir, sino para conocer tu verdadera asignación. Ese lugar en el que estás ahora cautiva puede ser la liberación de alguien, incluyendo la tuya.

> "Y te hará Jehová tu Dios abundar en toda obra de tus manos, en el fruto de tu vientre, en el fruto de tu bestia, y en el fruto de tu tierra, para bien; porque Jehová volverá a gozarse sobre ti para bien, de la manera que se gozó sobre tus padres, cuando obedecieres a la voz de Jehová tu Dios, para guardar sus mandamientos y sus estatutos escritos en este libro de la ley; cuando te convirtieres a Jehová tu Dios con todo tu corazón y con toda tu alma" (Deuteronomio 30:9-10).

Muchos suelen menospreciar la vida de las mujeres por circunstancias pasadas que han vivido, sin entender la historia detrás de la historia. Yo me imagino cómo en la aldea de esta muchacha se quedarían hablando la gente, chismeando, diciendo: "Esa se va a morir allí". Me imagino a algunos comentando: "Esa no va a resistir, es muy poca cosa como para resistir eso". Ellos no saben que Dios no necesita un nombre famoso, ni un título para accionar su plan en ti. Solo necesita una muchacha, alguien que esté dispuesta a creer en medio de su dolor, en el poder de Dios, y que esté lista para servir.

El servicio es un ministerio que mucha gente no quiere hoy, y no saben lo que se pierden. Esta joven descubrió que, en su cautividad, iba a poder servir. Ella iba a servir a uno que tenía título, pero era leproso. Sí, leíste bien, tenía nombre, rango, posición, casa, bienes, pero era leproso. No sé si puedes entenderme. A los ojos de los hombres, ella era solo una muchacha secuestrada, *Señorita Nadie*, comparada con el que tenía rangos, títulos, conexiones políticas, pero era leproso.

> "Naamán, general del ejército del rey de Siria, era varón grande delante de su señor, y lo tenía en alta estima, porque por medio de él había dado Jehová salvación a Siria. Era este hombre valeroso en extremo, pero leproso" (2 Reyes 5:1).

Es hora de que puedas verte como Dios te ve. Aliéntate, anímate, no siempre estaremos en los lugares que deseamos, pero sí puedes empezar a convencerte que allí está Dios haciendo algo a nuestro favor.

Esa muchacha supo desprenderse de su situación particular y personal para convertirse en la portadora de una palabra que iba a cambiar el destino de muerte de un hombre para vida. Es maravillo entender que el desprendimiento de ella provocó que un pagano viviera y experimentara la manifestación de un milagro. La acción no reconocida por muchos, ni publicada en revista alguna ni premiada en una gran cena, provocó la sanidad de alguien, la salvación para una casa y que se glorificara a Dios aun en territorio pagano, de tal forma que traería repercusiones hasta en el gobierno.

"Entonces Naamán dijo: Te ruego, pues, ¿de esta tierra no se dará a tu siervo la carga de un par de mulas? Porque de aquí en adelante tu siervo no sacrificará holocausto ni ofrecerá sacrificio a otros dioses, sino a Jehová. En esto perdone Jehová a tu siervo: que cuando mi señor el rey entrare en el templo de Rimón para adorar en él, y se apoyare sobre mi brazo, si yo también me inclinare en el templo de Rimón; cuando haga tal, Jehová perdone en esto a tu siervo. Y él le dijo: Ve en paz. Se fue, pues, y caminó como media legua de tierra" (2 Reyes 5:17–19).

Este hombre estaba de vuelta en su casa convencido de que el Dios de aquella *Señorita Nadie*, era real. Él ahora iría en paz, sin nada en su cuerpo que lo dañase; lo que no habían podido hacer los dioses, ni su templo de Rimón.

Frente al rechazo y prejuicio

Aunque no lo creas, desde temprano en mi vida, enfrenté el rechazo. Era una generación fuerte, pues todo era pecado, todo era malo. Como toda adolescente, comencé a interesarme por asuntos particulares. La primogénita de esta familia era mujer, y en aquel entonces hasta el día de hoy, tristemente existe una mentalidad de machismo. Algunos piensan que la mujer es solo para determinadas funciones. Un pensamiento muy lejos de la verdad, pero que ha permeado en la mente, en el sistema, incluso en la Iglesia.

Tuve que enfrentarme al prejuicio de los que no veían nada en mí, de los que eran tan religiosos que veían malo que me vistiera con brillo, apenas teniendo quince años. Pero sus lenguas eran más dañinas que cualquier pieza de ropa que tanto ellos condenaban. Así es la religión; seca, mata. Por eso me encanta hablar de relación con Dios.

Al vencer mis temores y dar pasos hacia adelante, también tuve que lidiar, en más de una ocasión, con los que menospreciaron mis capacidades y solo me miraban por ser hija del ministro o la hija de Raschke. Muchos te miran por tu origen y piensan que no eres capaz de lograr más nada. Quiero que sepas, desde mi propia experiencia de

33

vida, que el hombre nunca tendrá la última palabra, porque tu vida y mi vida están escondidas en el hueco de la mano de Dios, y Él es el dueño de los tiempos.

> "Mas yo en ti confío, oh Jehová; digo: Tú eres mi Dios. En tu mano están mis tiempos; líbrame de la mano de mis enemigos y de mis perseguidores. Haz resplandecer tu rostro sobre tu siervo; sálvame por tu misericordia" (Salmo 31:14–16).

Amo la Palabra de Dios y veo en cada una de estas historias el trato particular de Dios tan vigente para nosotras hoy. Hay algo poderoso de esta muchacha sirvienta de la casa de Naamán, que quiero compartirte. Mientras leía este pasaje, pude descubrir que ella solo estaba cautiva para efecto de su entorno y el momento, porque su espíritu estaba libre y conectado a lo que Dios quería hacer en su vida, no dependiendo de la gente, ni del trágico suceso que le estaba tocando vivir.

Hoy te lanzo este reto: ¿Dónde están las muchachas valientes que no le otorgan el permiso, ni el poder a las circunstancias para limitarlas en lo que Dios quiere hacer con sus vidas? Sé qué hay muchas que levantan sus manos y dicen: "Yo soy una de esas muchachas".

Tú y yo cargamos el poder de la Palabra. Si el enemigo logra usar las circunstancias para enmudecer nuestra voz, silenciarnos y anularnos, entonces logró tomar ventaja, pero si estamos seguras de nosotras mismas, centradas en Dios y en su Palabra, nadie podrá desenfocarte de aquello a lo que fuiste llamada.

> "Esta dijo a su señora: Si rogase mi señor al profeta que está en Samaria, él lo sanaría de su lepra" (2 Reyes 5:3).

Me encanta la sutileza y delicadeza de ella al decirle a la señora de la casa, a su jefa, donde está cautiva, la solución al problema de su marido. Observa bien esto: ella no está en un hotel cinco estrellas, ni está de compras ni en un *spa*. Ella está lejos de los suyos, pero, a pesar de eso, ella le está diciendo a su ama: "Si tu esposo fuese donde el profeta, este dolor que ustedes cargan, esta atmósfera de muerte que hay en esta casa, donde hay tanto lujo y comodidades, pero demasiado dolor, olor a muerte, esta lepra que lo consume, se iría".

Considera bien esto: ella está cautiva físicamente, pero libre en su espíritu. Cuando tú sabes que tienes una palabra que es viva, que es real, tú eres libre y cargas vida. Nada te hará callar cuando tengas que hablar; nada podrá intimidarte de hacer lo que tienes que hacer cuando tengas que hacerlo. Sé qué hay tantas muchachas que, desde su cautividad física, sus espíritus están libres y prestos para accionar y usar el poder de la Palabra.

"La muerte y la vida están en poder de la lengua, y el que la ama comerá de sus frutos" (Proverbios 18:21).

No le otorgues poder al escenario. Tal vez ese es el lugar donde todos esperan tu ruina, pero es el lugar donde Dios te hará florecer y sorprenderá a tus enemigos. Tiene que haber alguna muchacha que crea. Es que tienes que llegar al punto donde entiendas que ninguna palabra de maldición del hombre hacia ti podrá prosperar. Si tu mente y tu espíritu están conectados a Dios, podrás entender que aun lo que parece malo en tu vida, Dios está a punto de usarlo para bendecir, no solo a ti sino a alguien más.

La bendición de ella llegaría, porque cuando su señor sanara de lepra, ella dejaría de ser la muchacha secuestrada. Ella sería el puente del milagro y, por consecuencia, su recompensa venía de camino. Dios la honraría en el lugar que otros pensaron que ella moriría. Mi espíritu se conmueve mientras escribo sobre esto, y tengo que decirte que Dios, en muchas ocasiones, me ha honrado en lugar donde otros esperaban mi final. Dios te va a bendecir en el lugar donde otros esperaban tu ruina.

Desde muy joven, Dios empezó a hablarme a través de profetas y siervos humildes. Siempre el Señor me decía: "Te llamé para las naciones, predicarás y ministrarás". Realmente yo estaba pensando en otras cosas para mi vida. De niña, solo quería jugar, asunto que era bastante difícil por lo que ya te he compartido, el tiempo era limitado. De adolescente, quería disfrutar a pesar de las enormes presiones, enamorarme, estudiar, lograr metas profesionales. Como adulta, quería vivir lo más tranquilamente posible; al menos, esos eran mis planes.

Pero había sido pedida al Señor, señalada para una misión, y aunque muchos trataban de cautivarme dentro de sus prejuicios y señalamientos, Dios estaba trabajando conmigo, me estaba enseñando que aun dentro del cautiverio, su propósito para mí nadie lo iba detener. Yo estaba convencida de que Él me había dado una palabra.

Fue una preparación intensa, una escuela para servir y estar lista para ejecutar, a pesar de cualquier panorama. Mi padre siempre me decía: "Estudia para que no dependas de nadie, no permitas que la gente te subestime". Ambos, tanto papi como mami, sembraron en mí la pasión por dar, por alcanzar almas para Dios, por bendecir a otros con lo que teníamos. Nunca vi a un ministro o misionero irse de mi casa con las manos vacías.

La pasión que fue sembrada en mi corazón fue a tal grado que jamás olvido a mi padre, decirme: "Kimmey, si llegaran esta noche y te colocaran una pistola en tu cabeza y te dieran a escoger entre vivir o Cristo, vas a escoger a Cristo". En ese tiempo nos encontrábamos en Colombia, Bogotá, en medio de una gloriosa campaña en la Plaza de Toros para los años ochenta. Allí, como familia que evangelizaba, vivíamos una intensa persecución por parte de ciertos grupos de aquella época que no favorecían la prédica del evangelio. Con mi cabeza, yo afirmaba que sí. De una manera drástica y algo acelerada, me equiparon para ser libre, aunque me llevaran en cautiverio.

¿Dónde están las muchachas que quieren ir más allá, las que hoy pueden bendecir a alguien, las que aun fuera de su zona de comodidad están listas para servir, las que están decididas a ser libres aun estando cautivas? Tú eres una de esas muchachas que no necesitas tener el título, el reconocimiento de los hombres, la aprobación de nadie. Tú solo necesitas ser libre para bendecir. Ser una mujer real no implica negar tu realidad, ni implica que no puedas sentirte incómoda por el tiempo que puedas estar enfrentando. Implica que, aun viviendo tu mayor oposición, puedas ser tan genuina como para conocer cuál es tu misión. Vamos, vive el momento, aun cuando no lo entiendas. **#MujerReal**

Capítulo 4

DECÍDETE A SER UNA JOSABA

Pero Josaba, hija del rey Joram, hermana de Ocozías, tomó a Joás hijo
de Ocozías y lo sacó furtivamente de entre los hijos del rey a quienes
estaban matando, y lo ocultó de Atalía, a él y a su ama, en la cámara
de dormir, y en esta forma no lo mataron. Y estuvo con ella escondido
en la casa de Jehová seis años; y Atalía fue reina sobre el país.
(2 Reyes 11:2–3)

DECÍDETE A SER alguien que pueda preservar, guardar su
bendición y su promesa. Alabo a Dios porque puso a mi alrededor tantas Josaba, que sin tener contacto directo conmigo oraban por
mí y mi familia. Se busca una Josaba que pueda guardar su mente y
sus emociones, que no le dé acceso a la intimidación, ni a la manipulación de otros sobre su vida. Me encuentro a diario con tantas mujeres que, a la primera amenaza de Atalía, salen corriendo, sin mirar
que queda algo vivo, algo que puede guardarse, algo que cuando otros
crean que no hay esperanza, sabrán que todavía queda algo vivo dentro de ti. Guarda tu corazón, guarda tu mente, no des acceso a lo que
no bendice, a palabras que laceran, a conversaciones que son tóxicas.

"Sobre toda cosa guardada, guarda tu corazón; porque de él
mana la vida. Aparta de ti la perversidad de la boca, y aleja
de ti la iniquidad de los labios" (Proverbios 4:23–24).

Tengo noticias para ti y a lo mejor no te parezcan positivas, pero sí
son realistas. Las voces y el exterminio de las Atalías aún están vigen-
tes. Tratan de llegar a ti por Facebook, por tus redes, por WhatsApp,

por una llamada, por una conversación. No te desgastes ante ella; actúa.

Si tienes que bloquear gente tóxica de tus páginas, hazlo. Algunos religiosos quieren tener más misericordia que Dios, pero tú no eres Dios. Tú eres una mujer con altas y bajas que solo podrás vencer y guardarte actuando, aunque eso te lleve a ser radical. Te aconsejo que seas sincera contigo misma. Yo he tenido que serlo muchas veces conmigo misma. Por pena, di acceso a voces que no me bendecían, sino que solo buscaban matar, asesinar mi promesa y propósito. Hasta que un día, dije: "¡Basta!". Yo tomé la decisión, y no tengo tiempo para nada que no aporte algo, que me añada y me ayude a crecer en Dios. Fíjate que esta voz, este espíritu era tajante, no quería que ni uno solo sobreviviera. Pero me encanta Josaba, real, adolorida, frente a frente a su enemigo diciendo: "Hasta aquí llegaste. Este chico que es el último que queda, Joás, no lo vas a tocar".

Josaba no se detuvo a desgastarse frente a Atalía. Ella pudo reaccionar a su encomienda y digo reaccionar, porque yo sé que ella tiene que haber llorado, tiene que haber estado aterrada, tuvo que, por lapsos de minutos, haber dicho: "Esto se terminó". No sé si tú has estado ahí, pero yo he estado muchas veces. Uno siente parálisis total, los ojos se nublan y no ves esperanza. Pero es entonces cuando algo te impulsa para bien.

Te regalo esta experiencia. En los momentos más duros de mi vida, donde ha salido Atalía para matarme a mí y a los míos, decidí convertir ese sonido, esa acción como un motor que me impulsaría para preservar el depósito de Dios en mí. Grábate bien esa palabra en este capítulo: "Preservar". Es que me gozo mientras escribo, me gusta disfrutar este tiempo y la Palabra. Bajo fuego es cuando mejor funciono. No me malinterpretes. Eso no significa que sea masoquista y me encante vivir bajo fuego, sino que he aprendido a canalizarlo para bien. El diablo es bruto, pues cada vez que te ataca, te despierta. Te está anunciando que está molesto porque hay algo muy grande dentro de ti que le hace daño.

Josaba reaccionó y guardó lo último que quedaba, lo que todos daban por muerto, lo que nadie le daría posibilidades de vida. Nosotras las mujeres somos por naturaleza muy emocionales y eso es normal. No sé tú, pero yo lloro hasta por una serie de televisión, una novela turca, algo que me conmueve, porque soy real. Prestamos el oído con facilidad, pero eso, en ocasiones, puede ser una debilidad utilizada por otros para aniquilar lo último que queda dentro de ti. Sé selectiva a la hora de invertir tu tiempo; nunca lo inviertas en conversaciones estériles. Hay tiempo para todo, para llorar para reír, para descansar, pero no te detengas, muchos menos te desenfoques, resístete a dejar morir tu bendición.

En el tiempo que vivimos todo conspira y el mismo infierno se levanta para aniquilar nuestra generación, nuestros hijos, nuestras casas, pero creo que hoy es un buen día para decidirte a ser una Josaba. Se busca a alguien que sea capaz de levantarse frente al exterminio y la muerte. Josaba fue determinada: "No tocarás a uno más de los míos, aunque sea uno que quede vivo". Yo no sé tú, pero yo estoy lista para ser estratégica y cumplir el plan de Dios.

Sobreviviente

A medida que iba creciendo, las presiones cada día eran más fuertes. La gente pretendía y aun pretende que los hijos de los ministros seamos perfectos. Tristemente, muchos de los de mi época están descarriados. Oro por ellos para que vuelvan a casa. No los juzgo, pues fueron días duros y en muchas ocasiones como hubo gente genuina también hubo muchos malos testimonios que marcaron sus vidas. Yo era una chica como cualquiera otra, en una familia normal, con *issues*, con días buenos y no tan buenos, con grandes presiones que probablemente nunca una chica de mi edad debió llevar, pero estaba ahí. Ese era mi escenario, y Dios me guardó para esta temporada. Por eso siempre digo que soy una sobreviviente.

Muchas personas piensan que las familias ministeriales están todo el tiempo orando y hablando lenguas. Nada más lejos de la verdad, y quien le diga a usted que vive así, le miente descaradamente. No hay familias perfectas. Con tristeza veo tanta gente tratando de aparentar lo que no pueden sostener en sus hogares, colocando presiones sobre otros cuando ellos mismos no pueden lidiar con sus propias familias.

Muchos han llegado al punto de rutina, donde sus hogares están destruidos, pero llegaron a la iglesia, al altar, a estar delante de la gente, y es como un espectáculo más. Prenden las luces, cantan, se emocionan, pero cuando vuelven al hogar, es un infierno, pues no son reales. Solo viven para complacer al pueblo y cumplir con lo que ya están acostumbrados. No caigas nunca en este juego tan lamentable y doloroso para los tuyos y para ti. Si hay algo que debemos procurar es vivir sanamente. No hablo de perfección, pero jamás debemos vivir aparentando o intentando vender lo que no somos, porque por eso tanta gente no cree en el evangelio, y cada día que pasa, la cruda realidad es que sus líderes siguen perdiendo credibilidad. El pueblo se aleja porque lamentablemente ellos viven vidas falsas, sostienen paredes que están caídas, sin saber que tarde o temprano las mismas se vendrán abajo y todo el mundo verá su realidad.

Procuremos salvar nuestras familias, nuestros hijos. No vivamos ocultando lo que somos o por lo que podamos estar atravesando. Eso no hará más débil tu ministerio, ni tu llamado, sino que te hará más fuerte, porque podrás vencer toda área a la que el enemigo trate de tomar acceso o ventaja para destruirlos a ti y a los tuyos. Vivir ocultando verdades solo te llevará a ser destruido eventualmente, porque todo se sabe (ver Marcos 4:22). La gente que está a tu alrededor lo sabe, algunos callan por deferencia o respeto, pero saben y siguen la rutina para no ser rechazados dentro del círculo ministerial y así evitarse situaciones.

Quiero que entiendas que las familias ministeriales, hablo de todo el componente, papá, mamá e hijos, son las que más situaciones tienen. Son las más atacadas y odiadas por el mismo infierno, pues son la base para promover un mensaje que promueve el primer ministerio instituido por Dios. El primer ministerio no fue la construcción de grandes estructuras, ni de títulos ministeriales, proféticos, apostólicos o salmistas, no. El primer ministerio fue la familia; por eso es tan atacada.

Desde niña sabía que el ministerio de mis padres era muy fuerte, era uno de liberación, de palabra profética contundente. Créame que eso tenía repercusiones sobre nuestra vida diaria de una manera fuerte. Así mismo también fui creciendo convencida del poder de la oración y la manifestación de Dios, porque no me lo contaron, yo lo viví, lo veía en cada campaña, en cada cruzada en Centroamérica y América del Sur: milagros, personas que llegaban atadas eran liberadas, y espíritus inmundos salían de ellos. Yo lo vi, eso no me lo contaron; lo viví en carne propia.

Mi mamá siempre me decía: "Tenemos que entender que hemos entrado en un territorio espiritual muy fuerte. Dios va a pelear por nosotros, pero no faltarán los ataques". Años más tarde comprendí que los ataques estaban ahí, pero llegaron a un punto que nos marcó como familia, un punto donde públicamente el dolor nos expuso ante una realidad que viven muchas familias ministeriales y no están dispuestos a enfrentarlas, hasta que son expuestos. Crecí entre adultos, viajes, persecuciones, recibía el amor de tanta gente que apenas conocía, como también el odio y el menosprecio de los que de igual forma apenas conocía.

Como niña no me era nada ajeno lo que estaba enfrentando. ¿Cómo no iba a entender lo que estaba pasando a mi alrededor? Había empezado a madurar antes de tiempo, mi lenguaje no era el de una chica de mi edad, ya era una adulta en el cuerpo de una adolescente. Los ataques en los medios, las difamaciones, con todo eso crecí. Los chicos suelen ser crueles en la escuela y en aquel entonces, aunque no había la tecnología que existe ahora y no quiero imaginármelo porque hubiese sido peor, no dejaba de tener su impacto sobre mí. La radio y la televisión eran muy accesibles. En las madrugadas el teléfono sonaba en mi casa y era algún periodista buscando la reacción del ministro.

Recuerdo que llegaba a la escuela y había un reconocido programa de televisión en Puerto Rico que era de parodia política, donde cantaban una canción que decía: "Si Raschke, se rasca, etc., etc.". El que recuerda este programa y es boricua, sabe de qué le hablo y usted imagínese lo que me esperaba en la escuela al son de la canción, que no era otra cosa que una burla fuerte a la figura de mi padre y mi familia. Te narro esto, porque siendo una mujer real puedo decirte hoy que estoy de pie porque una Josaba estuvo dispuesta a preservar mi vida.

El poder de la oración

La oración del justo puede mucho (ver Santiago 5:16). En mi caso, créeme que ha sido la clave para poder escribir estas líneas y poder narrarte con entereza lo que otros no se atreverían a contar, pues pensarían que los haría menos espirituales. No tienes idea cuánto se sacude mi espíritu cuando me encuentro con gente que me abraza como si me conocieran de toda la vida, y me dicen: "Oro por ti", "clamo por tu vida".

Es ese momento cuando, literalmente, sientes ese bálsamo que te hace entender que eres un milagro andante, porque alguien se decidió a accionar en el mundo espiritual a tu favor; alguien que, sin conocerte, sin tener un vínculo contigo ni tan siquiera de sangre está unido en el espíritu para pedirle a Dios por tu vida. No sé si a ti te estremece esto, pero estoy convencida de que alguien ha estado y está orando por ti, y esa oración puede mucho, tanto que aún estás de pie, aún respiras, a pesar de todo lo que puedas haber vivido.

Dios siempre colocará personas a tu alrededor como lo hizo conmigo, que aun sin conocerme oraban por mí. No puedo dejar de pensar y agradecer por cuantos hermanos, amigos en tantos países que enviaban la palabra a mi favor por medio de su clamor al Padre; cuántas mujeres en las montañas de mi tierra claman por mí. Lo sé porque aún estoy de pie. Si aún respiras, si aún estás con vida a pesar de todo lo vivido, quiero que sepas que no ha sido con mis propias fuerzas ni con las tuyas, sino a través de esa palabra enviada que preserva.

Hay algo que me sucede muy a menudo en esta etapa de mi vida. Llego a ministrar en algún sitio, algún lugar de tantos de esos que en los últimos años he recorrido y donde el cielo provoca una cita divina, y me presenta a alguien de carne y hueso que se me acerca para decirme: "Yo oraba por ti y tu familia desde hace años, desde que eras una niña".

Hace poco me sucedió que luego de ministrar en un congreso de damas, se me acerca una anciana de estas de oración. Una las conoce a la distancia y me dice con esta autoridad: "Cada vez que te veía en televisión como senadora, oraba a Dios para que te guardara y te sacara de ese lugar ilesa, porque tu llamado estaba a punto de cumplirse". Es uno de esos momentos donde no puedo contener mis lágrimas y resistir mi espíritu, no a la voz de ella, sino a la del Padre, que una vez más me dice: "Yo tengo el control de tu vida". Ese día pasó por mi mente como una película de todo lo que viví estando en las esferas de la política. Y su voz retumba diciéndome: "A causa de que yo te guardé".

Gracias, Señor, por las Josabas que se levantan en este tiempo y para esta generación. Gracias por las que nunca saldrán en una primera plana, ni estarán en grandes tarimas o escenarios, pero son las heroínas espirituales, las que con sus oraciones lanzan saetas de bendición a los aires.

Te confieso que, en ocasiones, durante mi infancia y adolescencia llegué a sentirme agotada. Mis padres trataban de dar más de lo que podían, y honro y reconozco que dentro de las presiones del círculo ministerial y religioso donde estaban, trataban de darnos momentos que estoy segura que otros niños no tuvieron. Sé que dentro de sus recursos y conocimiento hacían todo lo que estuviese a su alcance para protegerme, pero ¿cómo lograr canalizar todo con sus propias fuerzas? Eso era casi imposible. Si no hubieran sido personas que tenían vida de oración y convicción, jamás lo hubiesen logrado.

Quiero que entiendas la importancia de este capítulo y es que puedes convertirte en una mujer que use la mayor herramienta que algunos ya han desechado en este tiempo: la oración. Si quieres ser una Josaba, una mujer efectiva victoriosa aun dentro de tus debilidades, sencillo: tienes que orar y vivir en el Espíritu. No se trata de emocionalismos, ni de luces ni de cánticos. Se trata de una vida que a pesar de que las lágrimas rueden por tus ojos, como me ha pasado a mí, tú puedas conocer y saber que tu oración está siendo efectiva, que es el arma más poderosa que te ha sido entregada. Por eso, en estos días, el enemigo ha distraído tanto a la gente. El entretenimiento nos arropa, pero nada de eso será el arma que tú necesitarás para vencer cuando lleguen los días más oscuros, porque llegarán, y el que te diga lo contrario, miente. Cuando lleguen esos momentos difíciles, tú no necesitas otra cosa que no sea tener una comunicación con el Padre donde puedas correr a Él y descansar en Él. Sea lo que te toque enfrentar, no solo a ti sino también a los tuyos, la oración es y seguirá siendo lo más importante.

No fue un tiempo fácil para mí, porque de igual manera vi tantos malos testimonios de gente que llamándose cristianos actuaban de forma incorrecta, tenían vidas dobles. Conozco esas historias también y es muy duro procesarlas. Mi papá siempre nos repetía una y otra vez: "La mirada tuya no puede estar puesta en los hombres, sino en Jesús que nunca te va a fallar". Aún me retumba su voz, diciéndome: "No me miren a mí, miren al Señor; no miren a su mamá, nosotros somos imperfectos, pero Dios nunca les fallará a ustedes".

> "Puestos los ojos en Jesús, el autor y consumador de la fe, el cual por el gozo puesto delante de él sufrió la cruz, menospreciando el oprobio, y se sentó a la diestra del trono de Dios" (Hebreos 12:2).

Eran gente real, aunque llegaron a un punto al paso de los años donde la presión de los terceros los llevó a vivir momentos muy difíciles que más tarde nos golpearían a todos. A la gente le encanta contar historias y hablar de las familias ministeriales sin estar dentro de sus interioridades. Solo los que han estado ahí, como yo te hablo hoy, son lo que conocen la verdad; lo demás son meras especulaciones. Al menos, yo vi en mi casa dos seres imperfectos, pero apasionados, entregados en alma, cuerpo y corazón a la obra de Dios.

Escuché a alguien decir que el ejemplo arrastra y las palabras convencen; ciertamente así sucedió en mi vida. Mis padres podrían tener mil fallas, eran seres de carne y hueso, pero nuestro hogar estaba dedicado a Dios y eso me marcó a pesar de todo lo doloroso que enfrenté, porque mi vida había sido marcada no con palabras, sino por hechos. Por eso creo que me dolió tanto cuando viví momentos donde muchas cosas se vinieron abajo.

¿Dónde están las Josaba?

Josaba, ¿dónde estás? Espero que puedas entender el rol y la asignación de una mujer que no ocupó las primeras sillas, ni las portadas ni los mayores títulos, pero decidió actuar. Tú puedes ser una Josaba que se levante para este tiempo y para esta hora tan difícil que nos ha tocado vivir.

Quiero que mientras lees este libro, sepas que tú puedes ser una Josaba. No necesitas el título de guerrera, ni el grito de guerra. En ocasiones, me agota y hasta me causa tristeza ir a congresos de mujeres donde lo único que se hace es gritar estribillos, donde se te dan comandos como si estuvieras en una guerra constante con la humanidad. Te invito, amiga, a apoderarte, no de repeticiones vanas, sino de la Palabra de Dios que tiene y seguirá teniendo poder.

Gritar y emocionarnos es muy fácil, pero ir a un concierto y gritar "guerrera" hasta el cansancio no cambiará lo que estás viviendo. Tu escenario de vida solo cambiará cuando tú, y nadie más que tú, empieces a tomar una decisión en consonancia al plan de Dios y su Palabra. Tu vida tomará un giro diferente y cambiará, solo con tu entrega, tu comunión con Dios. Tu genuina convicción en el poder de la oración provocará y desatará milagros a tu favor.

Te hablo de la convicción de que, cuando llegues a orar y estés a solas contigo misma, cuando llegue el momento en que seas confrontada con la crisis, esas que puedas estar atravesando ahora mismo y que todas hemos vivido de diferentes formas, puedas decir: "No tengo el título de guerrera, pero estoy en la mejor posición para convertirme en una mujer de cambios, que logre moverse, buscar ayuda".

Busca ayuda si la necesitas

Aquí me detengo porque hay muchas mujeres a las que se les ha enseñado por años en los círculos cristianos y religiosos que buscar ayuda es malo, es del diablo. Sé que estoy sacudiendo los esquemas que por años se enseñaron y que solo llevaron a la destrucción a muchas mujeres, niños, hogares completos. Si tú no puedes sola, no puedes. Eso tampoco te hace menos mujer de Dios. La ayuda profesional es siempre importante y va de la mano de lo espiritual, porque una parte la hacemos nosotros y otra la hará Dios.

Quiero que veas este escenario de esta mujer, Josaba. Aun cuando Atalía estaba rugiendo sobre ella, aun cuando su espada parecía que estaba más cerca de ella para matar lo último que le quedaba, ella decidió actuar rápido y buscar ayuda para preservar aquel niño que era el último que quedaba de aquella casa. Yo estoy segura que a Josaba no la invitarían a dar su testimonio a muchos congresos de hoy, porque ella, me imagino, no era muy diestra en emociones, ni en gritos. Ella era una mujer real que, aun dentro de sus crisis, decidió actuar. No gritó, no alardeó, no llevaba una camisa puesta anunciando lo que era. Ella no discutió, ni argumentó ni tampoco se detuvo a emocionarse y llorar. Solo sabía que el tiempo apremiaba, que el reloj estaba corriendo, era vida o muerte, tenía que avanzar para salvar a su Joás.

Querida amiga, querida mujer real, aún estás a tiempo para salvar a tu Joás. Aún está con vida tu promesa, si estás viva. Solo necesitas ser tú la que se decida a actuar, aun en medio del caos, para preservar lo que se te ha entregado. Yo alabaré a Dios cada día que me levante, no me cansaré de dar gracias por la vida de tantas Josabas, incluyendo mi madre, que clamaron, pero también actuaron para que, ante la amenaza del tiempo, de la vida y de las circunstancias que me tocarían vivir a mí, ninguna Atalía pudiera asesinar el propósito de Dios en mi vida. Esas Josabas de mi vida pelearon con astucia.

A mi madre, nunca la escuché decir que era profeta, ni guerrera. Ella se determinó a aprovechar su tiempo en Dios. Su norte era que nadie pudiera exterminar la promesa de Dios en mi vida.

"Ninguna arma forjada contra ti prosperará, y condenarás toda lengua que se levante contra ti en juicio. Esta es la herencia de los siervos de Jehová, y su salvación de mí vendrá, dijo Jehová" (Isaías 54:17).

Esta es la herencia que tú y yo tenemos. Cuando tú oras y declaras la Palabra, y actúas sobre ella con fe, los planes del enemigo son rotos, son deshechos. Fueron tantas las ocasiones donde escuchaba a mi madre repetir la Palabra en voz alta en mi casa. Mi padre la hablaba, también la declaraba en las grandes tarimas y campañas, pero en mi casa se repetía en voz alta. Ese es verdaderamente un grito de guerra, porque estás lanzando lo único que desbarata las mentiras del diablo. Este texto, lo escuché una y otra vez. Era uno de los preferidos en mi hogar y lo hice mío: "No te sobrevendrá mal, ni plaga tocará tu morada. Pues a sus ángeles mandará cerca de ti, que te guarden en todos tus caminos. En las manos te llevarán, para que tu pie no tropiece en piedra. Sobre el león y el áspid pisarás; hollarás al cachorro del león y al dragón. Por cuanto en mí ha puesto su amor, yo también lo libraré; le pondré en alto, por cuanto ha conocido mi nombre" (Salmo 91:10–14).

Escrito está

Josaba no tuvo tiempo para gritar estribillos. Cristo mismo nunca se enfrentó al enemigo con otra cosa que no fuera la Palabra. "Entonces el diablo le dijo: Si eres Hijo de Dios, di a esta piedra que se convierta en pan. Jesús, respondiéndole, dijo: Escrito está: No sólo de pan vivirá el hombre, sino de toda palabra de Dios" (Lucas 4:3–4).

Cristo le dijo: "Escrito está", según dice la Palabra. Cristo no rebatió con otra cosa que no fuera la Palabra. Me da tanta tristeza ver cómo muchas mujeres hoy en eventos son impartidas de emoción, de todo menos Palabra, y por eso cuando llegan de vuelta a su realidad no tienen forma de enfrentarse al gigante que las espera al otro lado.

Este libro es escrito por una mujer real y te estoy hablando de mis vivencias, pero también verdades. No voy a los congresos a impartir un brinco, ni un grito. No tengo tiempo para eso. Solo quiero que cada mujer sea empoderada con una identidad del Reino y tenga la verdadera herramienta que le dará la victoria, la Palabra de Dios. No soy *coach*, ni motivadora. Solo soy una mujer que aprendí de cada uno de mis procesos y que lo único que me ha sostenido, en el peor de mis días, es tener grabada en las tablas de mi corazón una palabra, que cuando la declaro puede cambiar mi atmósfera y mi entorno. Es poder decir como dijo Cristo: "Escrito está".

Si el enemigo trata de atormentarte y aun trae personas para tratar de dañarte, ese es tu mejor estribillo. No es gritar: "Soy guerrera". Tu mejor respuesta será: "Escrito está". Vamos, repítelo conmigo: "Escrito está".

> "Por causa de ti somos muertos todo el tiempo; somos contados como ovejas de matadero. Antes, en todas estas cosas somos más que vencedores por medio de aquel que nos amó. Por lo cual estoy seguro de que ni la muerte, ni la vida, ni ángeles, ni principados, ni potestades, ni lo presente, ni lo por venir, ni lo alto, ni lo profundo, ni ninguna otra cosa creada nos podrá separar del amor de Dios, que es en Cristo Jesús Señor nuestro" (Romanos 8:29, 36–39).

Podré ser contada como oveja para el matadero, podré ser perseguida, podré estar afligida, podré ser menospreciada, podré ser incomprendida por algunos, pero escrito está: "Antes, en todas estas cosas, somos más que vencedoras por medio de aquel que nos amó". No tienes por qué recibir lo que no es de Dios para tu vida. Escrito está que nada podrá separarme de ti, Señor. Su Palabra es la única herramienta para empoderarte, actuar y enmudecer las voces del infierno. Lo demás es mera emoción, pero su Palabra es la que derriba todo argumento contrario: "derribando argumentos y toda altivez que se levanta contra el conocimiento de Dios, y llevando cautivo todo pensamiento a la obediencia a Cristo" (2 Corintios 10:5).

Muchas veces te confieso que en mi niñez y adolescencia llegué a pensar que mi mamá me sobreprotegió. Éramos una familia pública, amados por muchos y odiados por otros. Mi mamá estaba pendiente de quién se nos acercaba porque había siempre demasiada gente a nuestro alrededor. Ella tomó decisiones drásticas, pero hoy reconozco que fueron claves. Nunca dormí en casa de amigas, era sumamente cautelosa para dejarme salir, muy selectiva con quienes estaban cerca de mí, pero hoy puedo entender que ella era mi Josaba, y lo que no entendí como una adolescente, hoy reconozco y puedo decir con certeza de cuántas cosas Dios me libró por el cuidado de esa Josaba.

Mi madre, Isaura, siempre estaba pendiente de todo. Cuando digo de todo, era de todo. Ella era mujer muy fina, poderosa en Dios, pero tenía un ojo y un discernimiento espiritual tan fuerte; Dios le mostraba las cosas. Cuando llegué a la adolescencia, no niego que llegó a ser asfixiante. No sé cómo lo hacía, pero sabía todo de mí, madre al fin. Ella viendo al igual que Josaba la amenaza contra la simiente, me guardó en la casa de Jehová (ver 2 Reyes 11:2–3).

Dios la usó para guardarme cada vez que iba de camino para llevarme a la escuela en las mañanas. No había iPad, ni tabletas electrónicas, pero mami se las ingeniaba. Ella colocaba un texto bíblico diario en el carro, me hacía repetirlo y orar hasta que llegaba a la escuela. En la adolescencia, ya me parecía que el asunto estaba pasado de moda, pero las verdaderas Josabas saben que solo la Palabra de Dios puede preservar la vida de alguien.

Te confío que la repetición que más odié fue la más efectiva en los peores días de mi vida, porque cuando la voz de Atalía rugía sobre mí: "te voy a matar", "voy a matar tus sueños", "lo que Dios dijo sobre ti no vendrá a cumplimiento", cada uno de esos textos subía al disco duro de mi mente, y los repetía hasta el cansancio. En las madrugadas era inevitable que llegaran a mis pensamientos, porque la Palabra enmudece lo contrario al plan del Padre. No te canses, vamos, tiene que haber alguien conmigo leyendo hoy que pueda entender que tienes la autoridad y te fue dado el poder para preservar tu "Joás", que es símbolo de tu bendición y tu propósito.

Guarda tus palabras

Para preservar tu Joás, tu bendición, también tendrás que ser sabia, tendrás que aprender a guardar silencio hasta que llegue el momento justo y preciso. ¡Qué mucho nos gusta a nosotras las mujeres hablar! Por más introvertidas o tímidas que seamos nos gusta conversar, somos emocionales; yo lo soy. Cuántas no despertamos a nuestros esposos a la hora que sea, porque tenemos algo que contarles, o llamas o escribes por Messenger a alguna amiga para expresarle con urgencia lo que sientes.

Yo he despertado a mi esposo muchas veces para hablar, y estoy segura que al igual que el mío, en ocasiones el tuyo te ha dicho: "¿Puedes esperar a mañana? Me estoy durmiendo". Eso no es nada malo, lo equivocado es hablar con gente que no tiene nada que aportarte y que no están listos para procesar tu historia, tu sueño, tu visión, tu anhelo, tu Joás. Si algo aprendí con mi madre fue a guardar silencio. A veces hay momentos donde tenemos que callar si queremos preservar nuestra bendición, porque aun Dios dando una palabra, no significa que es el tiempo justo para revelarla o cumplirla en nosotros. Muchas veces, actuar y el silencio irán tomados de la mano para preservar.

Tienes que aprender con quién hablar y a quién revelarle tu depósito, tus sueños. Muchas personas, a quienes les abrí mi corazón sanamente, tan solo trataron de depositar en mí sus frustraciones, y hasta trataron de aniquilar mis sueños. Esto puede ser duro para procesar, pero como hay gente que te quiere impulsar, hay gente con el único interés de exterminar tu propósito. Aprendí que toda mujer sabia, al igual que Josaba, preserva su bendición ante el enemigo. Ella no salió como una loca a "textearle" a todas sus amistades: "Tengo a Joás, está vivo, mírenlo". Ella corrió a esconderlo para esperar el tiempo justo y preciso para que supieran que Joás estaba vivo.

Aprende a preservar, a guardar, no todo se puede decir. En mis años como periodista, aprendí que mientras más mi entrevistado hablaba, más información me daba. Para mí era ventaja, pero para la otra parte era peligroso, porque podría terminar siendo usado en su contra. No se trata de vivir paranoica. Soy una mujer real y solo deseo que, a través de la Palabra de Dios y de la vida de mujeres que están ahí plasmadas en la Biblia, haya profundos consejos del Padre para ti y para mí.

Quiero compartirte que mi mamá estaba muy clara de mi llamado. Estaba lista para ocultarme en la recámara del Rey hasta que estuviera lista. Ni en los peores días de mi vida, ella dudó de eso. Al igual que mi padre, estaba convencida de la promesa del cielo para mí. Al narrarte mis vivencias a través de la Palabra y de tantas mujeres en la Biblia que marcaron su tiempo y espacio, solo quiero que entiendas por qué son tan importantes las Josabas. Te repito: ellas preservan, son estratégicas, saben cuándo guardar silencio. Josaba guardó a Joás hasta el tiempo justo de la promesa. Amiga, hay cosas que no todo el mundo estará listo para escuchar de ti. Aprende a guardar cosas que Dios te ha hablado y que otros no están listos para asimilar, ni celebrar en tu vida.

Cuando tenía dieciséis años, mientras mi papá estaba hospitalizado, aquejado de una dolencia en un hospital de Bayamón, recuerdo que fui una tarde a visitarlo. Aquella habitación estaba llena de pastores, amigos y ministros. Lo recuerdo como si fuera hoy. Pero allí había un hermano, un hombre de Dios que se estaba hospedando en casa de uno de los coordinadores del ministerio en las montañas de la Isla. Este hombre llegó hasta la casa a hospedarse y mientras era recibido por los hermanos, él preguntó si alguien conocía a alguna persona llamada Kimmey. Asombrados los hermanos de la casa, le respondieron: "La única que conocemos que se llama así es la hija del evangelista Raschke y nosotros ayudamos a coordinar sus eventos". Él les dijo: "Yo necesito que me lleven donde ella". Los hermanos le dijeron: "Nosotros vamos a visitar esta noche al hermano Raschke al hospital, tal vez ella esté allí, venga con nosotros".

Nunca olvidaré esa noche, nunca antes lo había visto. Tenía que ser así, porque los hijos de los ministros, y lo digo bromeando, somos algo escépticos. No me tomes a mal. Hemos visto de todo, por lo que somos bastante selectivos a la hora de que alguien venga a darnos una Palabra. Es más, en plena adolescencia, me repetía dentro de mí: *Yo ni voy a ser ministra, ni pastora ni me voy a casar con un pastor o ministro.* No porque fuera malo, sino que la vida es de mucha presión, y a esa edad lo único que tú quieres es enamorarte, estudiar y volar.

Allí me estaba esperando el señor, el tal Joás. Aquel hombre, de manera muy suave, oró por mi papá e inmediatamente dijo: "¿Aquí está Kimmey?". Mi mamá rápido me empujó de la parte de atrás de la habitación hacia donde estaba el hermano. Él se volteó y en medio de aquella fría habitación, colocó sus manos sobre mi cabeza y dijo: "Así te dice el Señor, yo te separo para el ministerio. Será muy grande lo que voy hacer contigo. Te llevaré a naciones, países, llegarás a donde tus padres no lograrán llegar, serás una mujer reconocida, y tu nombre estará en los libros de la historia de Puerto Rico".

Lloré tanto; aunque no era la palabra que yo quería escuchar, pero me marcó saber que Dios me buscó desde un país a donde no había ido antes con mis padres y por alguien que nunca había conocido. Si ese hombre lee este libro, lo honro y solo quiero que sepa que la palabra se cumplió, porque en efecto, muchos años después, llegué a formar parte de la Legislatura de mi país, siendo la primera evangélica ministra, abiertamente practicante, en ocupar un escaño para el cumplimiento de los 95 años de historia de ese Cuerpo entre el 2009 al 2012.

De hecho, quedó plasmado en un libro de historia para conmemorar la ocasión y hasta en una hermosa tarja de bronce ubicada de frente a donde se encuentra la constitución de mi país. Siempre que Dios te da una palabra, no te desesperes, porque en su tiempo, en su perfecta voluntad, se cumplirá.

Los jóvenes suelen olvidar con facilidad las cosas, pero mi madre, cual Josaba, anotó en un papel todo lo que Dios me había hablado ese día. Cada día que yo dudaba y me acercaba a ella para pedirle un consejo por algo, sacaba el papel y me repetía lo que Dios había hablado sobre mí. Eso es una Josaba preservando la promesa, la palabra, sobre su Joás.

Te aconsejo que no te dejes intimidar. Josaba miró a su alrededor, vio a la misma muerte de frente, pero se determinó. No te dejes paralizar por las voces de las Atalías de este tiempo que dicen: "Te estoy aniquilando". No y mil veces no. Creo que hay muchas Josabas esperando a ser activadas. Este es el tiempo para movernos y preservar todo lo que Dios nos ha entregado. Hay una promesa de Dios que va por encima de cualquier pronóstico del infierno; declárala, levántate, acciona.

> "Mis ovejas oyen mi voz, y yo las conozco, y me siguen, y yo les doy vida eterna; y no perecerán jamás, ni nadie las arrebatará de mi mano. Mi Padre que me las dio, es mayor que todos, y nadie las puede arrebatar de la mano de mi Padre. Yo y el Padre uno somos" (Juan 10:27–30).

He dejado de escuchar algo que declaro en mis prédicas y seguiré declarando: "El diablo es padre de toda mentira". Él solo suele hacer como Atalía, este personaje que se levantó para exterminar toda una generación. Lo único que busca es anular un propósito, detener el avance de una nueva generación. Ese espíritu del mismo infierno es el que trata de paralizarnos para que abandonemos la promesa. Decídete a no salir corriendo y abandonarlo todo al primer rugido del infierno. Afírmate en el poder de la Palabra, por eso es necesario que entiendas que ese que ruge es un derrotado, pues "él ha sido homicida desde el principio, y no ha permanecido en la verdad, porque no hay verdad en él. Cuando habla mentira, de suyo habla; porque es mentiroso, y padre de mentira" (Juan 8:44).

Preserva lo que te pertenece

Quiero invitarte a que te sacudas hoy del desaliento, de ese sentir que te roba el deseo de hacer algo, de seguir caminando, de creer en tus sueños, de luchar por tus hijos, luchar por ti misma, amarte, luchar por tu matrimonio. Te invito a que empieces a mirar tu entorno desde otro cristal. Quiero que entiendas que cuando tú te levantes y decidas actuar, Dios no te dejará en vergüenza, y aunque pasare tiempo, verás el respaldo de Dios en tus acciones. Aunque se tarde y pase escondida, resguarda la promesa. Lo que Dios prometió se cumplirá, porque Él no miente.

"Aunque la visión tardará aún por un tiempo, mas se apresura
hacia el fin, y no mentirá; aunque tardare, espéralo, porque
sin duda vendrá, no tardará" (Habacuc 2:3).

Hoy yo estoy decidida a preservar todo lo que me pertenece y lo
que Dios me ha entregado. No es con mis fuerzas, pero sí con su
Santo Espíritu (ver Zacarías 4:5–6). Solo actúa porque quien te da
las estrategias, quien pelea por ti, es el Señor. Le pido al Espíritu
Santo que todas estas vivencias te empoderen para enfrentarte a todo
argumento contrario y a toda Atalía que se levante en tu tiempo. No
es tiempo para echarte a morir, ni para sentarte a ver el mal que te
pueda estar arropando. Es el tiempo para tomar una decisión que provoque cambios.

"¿Qué, pues, diremos a esto? Si Dios es por nosotros, ¿quién
contra nosotros?" (Romanos 8:31).

Yo no sé si tú lo crees, pero yo lo creo y lo declaro en esta hora. Declaro que no hay Atalía que toque lo que fue separado y determinado
por Dios para ti. Decídete a ser una mujer diferente, decídete a ser
una Josaba. Es tu hora de preservar cada regalo que la vida, el cielo y
el Padre te han regalado. No tienes por qué entregarlo y dejarlo morir
cuando en ti están el poder y la autoridad para guardarlo hasta ver
el cumplimiento de todo lo que Dios te ha prometido. Tu Dios y mi
Dios no es como lo hombres. Él no miente. Si tú guardas la promesa
y le obedeces, tus ojos verán el cumplimiento (ver Números 23:19).

¿Hay alguna Josaba lista para hacer lo que tiene que hacer? Estoy
convencida de que hay más de una y tú eres una de ellas. **#MujerReal**

Capítulo 5

TÚ TIENES DERECHO

Y la tomó Otoniel hijo de Cenaz, hermano menor de Caleb; y él le dio
a su hija Acsa por mujer. Y cuando ella se iba con él, la persuadió que
pidiese a su padre un campo. Y ella se bajó del asno, y Caleb le dijo:
¿Qué tienes? Ella entonces le respondió: Concédeme un don; puesto
que me has dado tierra del Neguev, dame también fuentes de aguas.
Entonces Caleb le dio las fuentes de arriba y las fuentes de abajo.
(JUECES 1:13–15)

ACSA SOLO TIENE apenas una mención en la Biblia. No es largo, pero dice tanto (es que me encanta enfatizar esto), porque la realidad es que todas tenemos nuestras propias características y lo que nos define como persona. Acsa decidió que ella tenía derecho: tenía derecho sobre su herencia, tenía derecho a reclamar y recibir, tenía derecho a ser ella misma. Comparto esta historia de una mujer que abre su boca y reclama más de lo que le fue entregado, y créeme que para hacer eso tienes que tener autoridad y ser libre de toda inseguridad.

¿Habrá alguna Acsa que pueda entender que somos únicas, especiales e irrepetibles? He aprendido a no ser una copia de nadie. Creo que si hay algo que les molesta algunos es que puedas ser original. No permitas que nadie trate de cambiar quién eres, tus gustos, tu sonrisa, tu color de pelo.

Muchas veces en mi vida me sentí y me vi forzada a buscar la aceptación de otros. Vivimos en un mundo donde la presión existe y decir que no es así también nos llevaría a dejar de ser reales aceptando nuestro entorno. La realidad es que tuve etapas en mi vida donde la misma inseguridad me llevaba a sentirme poco cómoda conmigo misma.

Desde niña, mi mamá desarrolló en mí el gusto por las carteras, botas y pamelas. No sé si recuerdan, pero no faltaba un Día de Clamor a Dios, evento reconocido internacionalmente, que mi hermana y yo no estuviéramos vestidas de manera impecable, combinadas de pies a cabeza y, por supuesto, no podía faltar la pamela, eso era un clásico.

Ya despertaba a mis gustos; desde muy chica me encantaba el brillo. Sin embargo, crecí en un ambiente donde cualquier cosa que te colocaras encima era pecado. Puede sonar duro, pero así era para aquel entonces. Así que había algunas cosas que de gustarme tendría que suprimirlas para no escandalizar a algunos religiosos que les era más fácil atacar la vida de un hijo de ministro que trabajar con sus situaciones personales. La mayoría de las personas que colocan cargas sobre ti o tratan de robar tu esencia están frustradas, y su falta de identidad los lleva a intentar manipular la vida de otros buscando su propio significado, porque ellos no lo tienen. En su mayoría, suelen ser infelices y tristemente buscan quienes lo sean con ellos. Hoy vivimos un tiempo duro al respecto, y veo como cada día de manera más sutil, se sigue dando esta dinámica que tanto consume y afecta la vida de tanta gente, muy en especial las mujeres. Quiero que sepas que al igual que Acsa, tú tienes derecho.

Recuerdo mi primera cartera. Mi mamá no fallaba en ir al casco urbano de Río Piedras cada vez que tenía una oportunidad. Fue allí en una tienda llamada La Colombina donde mi mamá me dio la oportunidad de escoger mi propia cartera. Ella me compró mi preciada cartera roja con botones dorados, la tengo grabada en mi memoria. Este detalle quizás podría sonar hasta insignificante para alguien, pero para mí no lo fue. Eso se llama desarrollo y formación de tus características que te acompañarán a lo largo de tu jornada de vida.

La cartera no me definiría como persona, pero ya era una señal de aquellos detalles y gustos que formarían parte de mi personalidad. Seguí desarrollando mis propios gustos, por lo que desarrollé una fuerte pasión por las carteras y bolsos. Amiga que me lees, quiero que sepas que parte de ser una mujer real es no negar que te gusta o no te gusta algo. En ese sentido, creo que hay demasiadas mujeres reprimidas, por miedo a dejar fluir quienes son en realidad.

Derecho a ser quién eres

No se trata de negar quién soy. Creo que después de los cuarenta, uno llega a la conclusión de que la vida es una, eres libre de toda carga y empiezas a observar la vida desde otra perspectiva. Por supuesto, hay algo en todo esto que se llama madurez y que se adquiere de las experiencias vividas. Esto te lleva a concluir que la vida es un regalo muy preciado como para permitir que otros te traten de robar tus mejores días, tu herencia en Dios y quién tú eres, viviendo a plenitud en Cristo Jesús.

Decidí que no sería lo que otros pretenden que yo sea. Pasé experiencias duras en la adolescencia en cuanto a esto, pues vivía con el temor de verme mal o de no ser aceptada. Al paso de los años cuando entré a la universidad, a los medios de comunicación social del país como periodista, pude liberarme un poco de esa carga. Ser periodista me ayudó mucho a desarrollarme, seguir canalizando mis talentos, a tener seguridad en mí misma, a celebrarme como era. Me brindó la oportunidad de descubrir de manera más profunda todas las capacidades que había dentro de mí y cómo podría utilizarlas para ayudar a otros. Decidí que no buscaría la aprobación de nadie, aunque en el momento no tenía idea de que eso me tomaría dentro de mí más tiempo de lo que yo pensaba. Una cosa es decirlo, y otra es procesarlo y vivir de esa manera.

Tuve que caminar por grandes escuelas en mi vida que me llevaron a experimentar si de verdad estaba convencida de que podría vivir así. Me llevaría a tener que actuar más allá de un pensamiento o criterio que sonaba muy lindo, pero en lo tangible, en lo real, sería muy diferente. Cuando llegué a ser senadora en mi país en el 2009, la presión pública se intensificó. Era terrible. Fue más fuerte que las etapas de mi adolescencia o niñez como hija de ministros. Todo lo que me ponía o vestía era una nota en algún periódico del país.

¡Qué ironía! Venía de trabajar en los medios, debía conocer a profundidad cómo se manejaba eso, pero mi parte humana seguía estando allí, tan vulnerable, como cuando era niña. Es por eso que cuando hay gente que pretende que te proyectes como una superheroína, dejando a un lado tu realidad y tu humanidad, me incomoda en gran manera, porque nuestras debilidades y luchas estarán ahí presentes. Es parte de la vida y lo único que nos ayuda es reconocer esas áreas y estrategias profesionales, pero, sobre todo, tener los recursos espirituales de la Palabra.

No le permitas a nadie que te haga sentir inferior pretendiendo que son mejores que tú porque flotan o son "demasiados espirituales". Eso no es real. Siempre habrá algo nuevo que tendremos que enfrentar, y estoy convencida de que saldrás airosa y más fuerte para enfrentarte a todo lo nuevo que pueda llegar a ti.

Durante aquellos años del 2009 al 2012, el tema en muchas ocasiones no era mi labor como funcionaria pública, sino mi color de cabello. Por supuesto, en ese momento era rubia, casi blanco. Confieso que siempre me ha encantado ese color de pelo y tenía una amiga estilista, que ahora es pastora, que tenía una mano espectacular para lograr que ese color me enamorara. Pero no todo quedó ahí, sino que se convirtió en un elemento fácil para la burla constante de algunos medios y la prensa escrita. Era duro, pues, aunque ya desde chica había vivido con la crítica, esto tuvo su efecto sobre mí.

A veces pensamos que porque ya hemos vivido otros asuntos estamos inmunes a lo que otros puedan decir o pensar, y no es así. Es cuando llegan estos momentos cuando descubrimos que todavía tenemos áreas que necesitan ser fortalecidas. Muchas veces caemos presa del juego o las presiones de otros, simple y llanamente porque no tenemos cómo enfrentarlas en ese momento. Mi intención con este mensaje para ti es que puedas salir fortalecida y entender que la vida siempre estará compuesta de situaciones.

Así que, para aquellos días, traté de vestirme como una mujer de mi edad para tratar de complacer a algunos. Había llegado a ser senadora a los treinta y tres años, y mucha gente menospreciaba el hecho que era joven, evangélica y conservadora. Busqué verme un poco más adulta, pero al final del día no cambié la percepción de nadie. Ahora miro algunas fotos y me río. Pienso que a ti también te ha pasado, que cuando pasan los años y reflexionas, miras las fotos una y otra vez, y te encuentras hasta en Facebook fotos de ese entonces. Yo misma me pregunto qué me pasó, por qué estaba vestida así, estaba mal. En realidad, estaba tratando de ajustarme a un ambiente desconocido, nuevo y tratando de buscar la aceptación de la gente y evitar la crítica que ya me había acompañado desde niña. Aún recuerdo el odio de muchos en sus comentarios en los medios, gente que ni me conocía, pero hablaban públicamente como si conocieran todo de mí. Eso era algo fuerte de digerir, pero ahí estaba, había que enfrentarlo.

Las crisis forjan el carácter

Con todas esas situaciones que vivía en ese momento, Dios estaba formando mi carácter. Se estaba forjando una mujer cada vez más fuerte. Amiga, no veas ni pienses que esta situación que está pasando te va a matar; no y mil veces no. Esto solo te va a fortalecer para algo mayor, para algo mejor que Dios tiene listo para ti.

Algo aprendí que me hizo más fuerte, y es que siempre habrá personas a quienes les será más fácil juzgarte por lo que ven o les cae mal de ti, pero desconocen tu vida, quién eres en realidad, tus procesos y tus lágrimas. No permitas que te afecte, porque al final del día la única que debes estar convencida de quién eres y hacia dónde vas debes ser tú misma. Tus frutos de vida hablarán por sí mismos. No permitas que te duela, porque en el momento que te duela perdiste el derecho de tener identidad.

En ocasiones, le damos demasiado permiso a las circunstancias para que entren y nos causen dolor, pero no permitas que ninguna herida intencionada sea tan profunda como para hacerte perder en el inmenso bosque del dolor, porque al estar perdida juntamente irás olvidando quién eres y cuánto vales. Quiero que sepas que tus áreas vulnerables serán las más fáciles de atacar. Por eso, cuando decides ser una mujer real, genuina, todo acceso estará cerrado para el enemigo, y

aunque trate de atacarte, no podrá prosperar porque estás segura de
ti misma.

"...porque vendrá el enemigo como río, mas el Espíritu de
Jehová levantará bandera contra él" (Isaías 59:19).

En mi caso había áreas que serían atacadas, una vez más tendría
que confiar, tendría que tratar con áreas de mi vida que no estaban
afinadas. Hay críticas destructivas y críticas constructivas. Aprende a
definirlas, porque a veces la que dice ser constructiva suele disfrazarse
con facilidad. Muchas veces, quien porta el mensaje nunca ha construido y solo viene a destruir. Aprende a discernir de quién vienen las
cosas y qué intención tienen, si es o no genuina. Para esa época, estaba
pasando por momentos personales muy fuertes en mi vida que me hacían estar sensible. Mi corazón estaba expuesto, muchas áreas en mí
habían sido estremecidas, y empezó la crítica bestial en contra de mi
gestión pública. No había piedad, los ataques eran intensos.

Como en todo, tuve mis aciertos y cometí errores, nadie es perfecto. Llegué a la Legislatura como toda una novata en esa área, pero
iba cargada de ideas y pasión por ayudar al necesitado. Desde esa silla,
deseaba bendecir a alguien, que a través de mi gestión como servidora
pudiese salir beneficiado. Lo cierto es que fui atacada porque no era
parte de la corriente de un sistema que respeto, pero que nadie puede
dudar que, en muchas áreas, está podrido. Es un sistema que no entiende que una silla no es solo para escribir letras muertas, sino que
las acciones pueden ayudar a mejorar nuestra calidad de vida como
pueblo.

Hasta los compañeros de mi propio partido me llegaron a llamar
"vaga". Lo más triste era que la gente les compraba las mentiras, incluyendo muchos que se llamaban cristianos. Recuerdo los días que llegaba a mi oficina antes que mi personal, los días largos y las noches
cortas, las navidades donde no había comprado los regalos para mi
familia, porque había que llevarlos primero a las comunidades, las visitas casi diarias a escuelas públicas alrededor de toda la Isla, las vidas

que llegaban a nuestra oficina víctimas del sistema y que nadie quería darle cara en las agencias, las veces que dije que no a proyectos o medidas por mis principios. La lista es larga y no terminaría de contar. Solo que, en medio de toda esa gestión que no quise hacer pública y constante en los medios, yo era la peor de todos para algunos.

Entonces, permití que eso me afectara. Pasaba días llorando, porque sabía cuánto estaba sacrificando de los míos. Sin embargo, sabía que tenía una asignación divina en ese lugar para abrir camino para otros siendo la primera mujer abiertamente evangélica y ministra que se sentaba en una silla de ese parlamento. Me llenaba saber que no hice mi campaña haciendo alardes de mi fe; solo quería que mis frutos hablaran.

Cuando el Día de Clamor a Dios, fundado por mis padres, comenzó, yo solo tenía un año de edad. Con tan solo un añito me paraba frente a esas escalinatas norte de la Casa de las Leyes de mi país. Por años así fue, y nunca pensé que, al cabo de muchos años, Dios me llevaría de las escalinatas a estar adentro de ese lugar, siéndome entregada autoridad gubernamental.

Fue en ese horno de fuego donde aprendí que la aprobación de la gente no es necesaria, cuando estás convencida de que estás haciendo lo correcto y cumpliendo lo que Dios te mandó a hacer. Cada vez que alguien trate de denigrarte en cualquier área de tu vida, ya sea profesional o personal, no toleres que te robe el sueño, porque terminará robándote el aliento y el deseo de continuar cuando los mejores días de tu vida están por delante. El infierno lo sabe, y solo quiere detener a quienes verdaderamente cargan un depósito que produce cambios de bendición. No te destruyas pensando en el qué dirán o qué pensarán. Al final del día, la gente nunca estará complacida, pero tú puedes estar convencida de quién eres y que estás haciendo lo que tienes que hacer.

Vamos, amiga, tú tienes derecho a no ser pisoteada, y a no permitir que otros te amarguen. Ríete y atrévete, al igual que Acsa, a bajarte del asno del dolor, de la parálisis, de la depresión. Reclama para que puedas proseguir, y te sorprenderás de la nueva bendición que hay para ti. "Y aconteció que cuando la llevaba, él la persuadió que pidiese a su padre tierras para labrar. Ella entonces se bajó del asno. Y Caleb le dijo: ¿Qué tienes? Y ella respondió: Concédeme un don; puesto que me has dado tierra del Neguev, dame también fuentes de aguas. El entonces le dio las fuentes de arriba, y las de abajo" (Jueces 15:18–19).

Te vas a reír, pero si eres rubia, cuídate. No sé qué tiene ese color rubio, ni qué efecto logra, más allá de cambiar tu apariencia del cabello. Pero a mí me costó que me señalaran tanto al punto de demonizarme por mi apariencia, en ocasiones, de manera sutil, y otras, abiertamente. Les voy hablar claro para no dar más rodeos: me tildaban de bruta, bonita y arreglada, y nada más. Pero, detrás de todo eso, la estrategia real era la que ya les he contado: minimizar mi labor públicamente; y en lo espiritual, afectar mi entorno emocional, desestabilizándome en la esfera política en que estaba.

Quiero que entiendas una vez más que reconocer nuestras áreas, saber a qué nos hemos enfrentado no nos hace más débiles, al contrario, nos hace más fuertes. Créeme que el que tú y yo logremos o seamos mujeres fuertes, ancladas en una identidad en Dios, le molesta al infierno, porque sabe que estás lista para identificar sus dardos y poder vencerlos en el nombre de Jesús.

Fue duro, pero acepto que no supe cerrar aquella puerta que fue la entrada para muchos ataques. Con tristeza lo digo, pero a todo eso se unió la intensidad de las voces que cantaban en el coro de la crítica y me mandaban al infierno, porque la política para algunos religiosos era del diablo y, por consecuencia, yo era "del diablo".

Hago un paréntesis, porque parte de los problemas que enfrentamos al dejar nuestro espacio como Iglesia con argumentos tan en desuso, y el estar enajenados de la realidad, son el resultado de muchas desviaciones que hoy vemos que pretenden resolverse sin tener los accesos y las influencias correctas para hacerlo. Querida lectora, ser "del diablo" es vivir desconectada del lugar donde fuiste asignada para bendecir y trabajar mientras el día dure. "Me es necesario hacer las obras del que me envió, entre tanto que el día dura; la noche viene, cuando nadie puede trabajar. Entre tanto que estoy en el mundo, luz soy del mundo" (Juan 9:4–5).

Las escuelas de Dios

Ninguno nunca pudo lograr su propósito. Una vez más Dios cuidaría de mí. ¡Cuánto amo a mi Abba Padre! Él siempre me defendió, fortaleció y aun lo sigue haciendo. Los procesos en nuestras vidas no son otra cosa que grandes escuelas de las que debemos aprender y, mejor aún, graduarnos de ellas. Aprendí de todos esos sucesos en esos días que me parecían que me iban a aniquilar, pero, por el contrario, fueron usados para sacar lo mejor de mí.

De las escuelas de Dios es importante graduarse; al menos eso yo he aprendido en este caminar. Créeme que yo no quiero tener que volver a pasar por ninguna de ellas, pero te puedo asegurar que aprendí de todas ellas. Tienes que entender que tienes derecho, pero para eso es necesario que alguna lección aprendas de los errores cometidos.

Probablemente este no es un libro tradicional que viene a decirte cómo ser princesa. Vengo a decirte cómo ser una mujer real, venciendo y aprendiendo de cada proceso en tu vida. Es hora de haber aprendido algo y, sobre todo, aplicarlo en tu vida.

En algunas de esas escuelas aprendí madurez, carácter. Llorar no resolvería nada, estar llena de miedo tampoco, llegaría el punto donde tendría que soltar todo ese equipaje de melancolía y autoconmiseración para poder avanzar.

Es por eso que hoy me permito hablar y escribir con certeza y autoridad, a tantas mujeres que desde diferentes esferas hoy pasan por estas y tantas otras situaciones. Traté de complacer a mucha gente, pero aprendí que complacer a la gente suele ser muy agotador, y que al final del día, solo te gastarás en algo en lo que tú no tienes el poder para cambiar.

No terminaría las anécdotas, pues fueron muchos los episodios vividos, pero si de algo sirve es para que sepas que, ante la crítica, el menosprecio, el dolor no puedes arrodillarte, sino levantar tu cabeza con tal fuerza que cuando te miren a los ojos puedan percibir la fuerza que hay dentro de ti, producto de la gracia que el Padre ha depositado en ti, sí, dentro de ti. Tú, al igual que Acsa, tienes derecho.

Aún recuerdo un día que aparecí en un rotativo de la Isla, luego de un mensaje del gobernador de aquel entonces frente a los cuerpos legislativos, mensaje al que debía asistir como parte de mis funciones y el protocolo. Al día siguiente, allí estaba yo en una lista tipo entrega de los Óscares, entre las peores vestidas, así como lo lees. Ahora puedo reírme, pero en aquel momento pensaba, leía y decía: "Pero, ¿qué hace mi nombre en esa lista, si yo no fui a modelar, yo fui a trabajar?". Para colmo, estaba en la lista, no de las mejores vestidas, no, estaba en la lista de las peores vestidas.

Mi esposo Freddie dice que tengo una unción especial para los especiales. Encuentro cosas buenas y baratas. Por lo general, siempre me dirijo a ese *rack* que dice *SALE*, al que a algunas les da pena ir. Cuando viajaba, compraba mi ropa en venta especial, buena calidad, pero más económica de lo usual. No tengo problemas en decirlo, porque gracias a Dios soy una mujer libre, sin complejos, sin miedos al qué dirán; mis escuelas me enseñaron y aprendí. La gente se equivoca con uno, pero me encantan las perchas de ropa en especial. Jamás, ni aun teniendo mucho dinero, pagaría algo costoso sabiendo que eso es material, así que casi todo lo que usaba era económico.

Pero no es la ropa la que te define, no. Lo que te hace ser diferente y brillar aun con unos zapatos de cinco dólares es la gracia de Dios sobre ti y sobre mí. Lo que me había costado veinte dólares parecía de más. A lo mejor, por eso salí entre las peores vestidas, pero a la verdad, en aquel momento, no entendía por qué me medían como persona por lo que vestía.

El mundo trivial donde vivimos mide a la gente por la ropa, así que era una lección nueva para mí. Tenía derecho a ser nada más y nada menos que yo misma, con la ropa que yo quería y deseaba usar. Te cuento que aquel día del mensaje de estado se suponía que no estaba en una alfombra roja de Hollywood, no iba para los Óscares, no me vestía un diseñador, sino mi closet y mi bolsillo, pero así era. La gente quiere medirte o más bien trabajarte en tus emociones para manipular tu identidad haciéndote sentir mal.

Lo cierto es que las buenas recomendaciones se reciben, pero cuando realmente son para mejorar, no para dañar. Hasta recomendaciones salieron en ese artículo para cambiarme el color de pelo; parecía que todo lo que yo era no le gustaba a alguien, o al menos molestaba y perturbaba a algunos. Al principio me afectó, negarlo me llevaría a dejar de ser una mujer real, pero aprendí que nadie detrás de un teclado o una silla encerrada en un cuarto escribiendo, como lo estuve yo por años ejerciendo mi carrera periodística, debía tener el poder sin conocerme para alterar mi identidad, mis gustos, mi día a día. Eso no debía cambiar o definir quién yo era.

Esta chica de la que comencé a hablarte al principio de este capítulo, Acsa, que se menciona al inicio del libro de Jueces, iba de camino a una nueva temporada en su vida, pero ella tenía que estar lista para afirmar quién era y a lo que tenía derecho como hija. En mi caso, nuevamente estaría en la disyuntiva de si cedía a la presión o me mantenía firme en no perder mi derecho a ser quien yo era.

Tú tienes derecho, mujer, amiga, tienes el derecho a colocar una sonrisa en tu rostro, a reírte, aunque el sonido de tu risa moleste al que vive impregnado de amargura. Tú tienes derecho a sentirte hermosa con tu color de cabello, aunque todos quieran darte otro número de peróxido. Tú tienes derecho a celebrar si eres tamaño veinte o si eres tamaño cero. Tú tienes derecho a vivir conforme a la herencia que el Padre tiene. Quiero que te atrevas a lanzarte. Puedes ser igual que Acsa; atrévete a pedir un don para ti. Hay unos papeles que llevan tu nombre y dicen que eres heredera, que tú tienes derecho. Es una herencia de bien y no de mal (ver Jeremías 29:11).

Hay demasiada gente tratando de impedirte que pidas un don, usando todas sus estrategias humanas y hasta infernales para impedirte acceder a lo que tú tienes derecho.

Creo con todo mi corazón al escribir este libro y abrirte mi corazón, narrándote no cuentos de cambio sino experiencias que tocaron muy de cerca mi vida, que hay una temporada que se abre para que puedas vivir llena de todo lo que el Señor ha prometido para ti y que, sin duda alguna, Él cumplirá en tu vida en la medida que tú lo creas y acciones sobre sus promesas (ver Salmo 138:8).

Despide a la Sra. Inseguridad

Yo estuve en aquella temporada de mi vida frente a la puerta y mirando a la Sra. Inseguridad. No sé si alguna vez has estado frente a esta gran señora, pero yo la conocí de cerca. Solo podía decidir si la dejaba entrar y permitía que su manto oscuro me arropara nuevamente. No lo permitas; ella solo paraliza tus sueños, ese manto solo secuestra tu herencia y tu identidad en Dios. Cuando la veas, cuando te visite, no le abras la puerta. Déjale saber que no estás disponible para ella, que no intente buscarte, porque vas avanzando.

Yo opté por hacerle una gran despedida a la Sra. Inseguridad, con todos sus honores. Decidí que ya no teníamos más nada que conversar. Yo opté por celebrarme, pude contestarle y decirle por primera vez: "¿Sabe, Sra. Inseguridad? Tengo una noticia que darle. Hay una gran despedida para usted, porque yo tengo derecho a mi herencia, su manto es demasiado oscuro y sus fríos vestidos solo tratan de opacar lo que llevo dentro de mí". Le dije: "Usted no tiene acceso y yo tengo derecho".

Me encanta el brillo, así soy; me gustan los tacones, mi pelo rubio. Si algo aprendí fue a ser real. Amiga querida, ser original se siente mucho mejor que ser una copia. Las copias nunca serán iguales, ni tendrán jamás las mismas características. Las copias solo tienen algunos detalles parecidos al original que nunca se podrán igualar. Tú al igual que yo, tienes un conjunto de características que te las regaló el Padre. Eres única; tú tienes una herencia.

Lamentablemente, hoy existen muchas copias. Todo el mundo quiere imitar a alguien, quiere ser como aquella o aquel que se proyecta en las redes, o como aquella ministra. No es malo tomar aquellas cosas que puedan servirnos de inspiración para mejorar, pero qué terrible es querer ser el clon de otro. Eso es muy fuerte, eso no es tener amor por ti misma. Significa que no estás complacida con quién eres, y créeme que, habiendo estado ahí, te puedo decir que es muy difícil vivir así. Quien pretenda que seas su copia no te ama, solo busca manipularte. Ver cómo tantas mujeres pierden su identidad bajo la manipulación de otros en este tiempo me duele. Por eso declaro liberación sobre tu vida, tu mente y tus emociones en esta hora.

Escribo este libro, no por lo que pueda vender de él, sino porque sé que hay alguien que está leyendo y necesita saber quién es y a qué tiene derecho. Hay alguien que necesita ser libre de toda manipulación del infierno, aunque la misma venga disfrazada de religión, y créeme que hay mucha escondida bajo el manto de la religiosidad, que es terrible. He escuchado historias de mujeres y hombres destruidos, literalmente hechos pedazos, por permitir que la manipulación de otros les arrope y destruya su esencia. No lo permitas. Párate firme. Eso no te hará menos mujer, ni menos hombre de Dios.

Cuando Él decidió enviar a su Hijo unigénito a la cruz fue para romper toda atadura por medio de su sacrificio, y eso incluye la manipulación. Tu herencia es única y lo que el Padre tiene para ti es para ti. Él sabe que tienes derecho a mucho más, pues tú eres su hija. Acsa se bajó del asno, donde ya partía con su ahora esposo. Hubo una acción, un movimiento, decidió que no se iba a conformar, que había algo más, pero fue ella quien actuó. No esperes que otros hagan lo que te toca hacer a ti. Muchas veces estamos esperando un milagro, pero nos olvidamos que hay una parte que nos toca hacer a nosotras.

Tú tienes derecho a no ser una conformista, a no dar por aceptado lo que otros han determinado sobre ti. Si has sido víctima de la gente, decídete a dejar de ser víctima y a ser una mujer victoriosa. Mientras te quedas en tu zona de comodidad, estás perdiendo los mejores días de tu vida. Vamos, bájate del asno como Acsa, y sal de tu zona que te estaba secando tu yo interior. Bájate del asno del conformismo, empieza a abrir tu boca y posiciónate para pedir algo más al Padre. Él está esperando por ti.

Deja de buscar aprobación

Acsa dijo: "Yo sé que hay algo más, sé que si yo lo pido mi papá me lo va conceder". Vamos, tienes que atreverte a caminar con pasos firmes, a tomar decisiones. Acsa era una mujer determinada, una mujer de visión, vio más allá de lo que tenía de frente. Ese es el reto que hoy tenemos muchas de nosotras. Es hora de posicionarte a ver más allá de lo que la gente dice o dirá de ti; aprender a atreverte. Siempre digo que es mejor pedir perdón que pedir permiso. Quien se atreve, conquista.

Atrévete a romper con el vicio de buscar la continua aprobación de alguien. Quien no crea en tus sueños, tampoco le des el derecho de destrozarlos. Tú tienes derecho a reclamar, a actuar y a ser una mujer fuerte, poderosa en Dios, que pueda alcanzar las metas que otros piensan que nunca lograrás.

> "Y cuando ella se iba con él, la persuadió que pidiese a su padre un campo. Y ella se bajó del asno, y Caleb le dijo: ¿Qué tienes? Ella entonces le respondió: Concédeme un don; puesto que me has dado tierra del Neguev, dame también fuentes de aguas. Entonces Caleb le dio las fuentes de arriba y las fuentes de abajo" (Jueces 1:14–15).

Actúa, muévete, sacúdete de todo lo que te ha detenido espiritual, física y emocionalmente de ser una mujer de visión y conquista. No tienes que ser una copia de nadie; solo tienes que ser tú misma, reconociendo nuestra diversidad mágica y única, siendo reales. A algunas de nosotras no les gusta maquillarse, a otras sí les encanta; a algunas les encanta vestir colores básicos, a otras les encantan los colores brillantes; a otras les gustan las cosas sencillas, a otras nos gustan más estrambóticas. En fin, somos únicas. Las que me conocen, las que han compartido conmigo y participado en alguno de los congresos de mujeres donde tengo el privilegio de compartir con tantas de ustedes saben cuánto hemos reído y seguiremos riendo.

Nada como ser nosotras mismas. Hemos reído hasta la saciedad hablando del "brillo", me encanta celebrarme, soy eléctrica, me gusta trabajar, estar involucrada en proyectos, pero no todas somos iguales, ni seremos iguales. Pretender que así fuera sería injusto. Decir que eres menos ungida o menos espiritual por eso, es el gran error que tantos cometen, pretendiendo que la gente se mueva basado en sus conceptos e ideas. Eso se llama manipulación.

Tú tienes derecho a ser tal y como tú eres, con tus debilidades y fortalezas, buscando cada día mejorar y crecer para alcanzar la madurez espiritual. Yo estoy segura de que, así como Él lo hace conmigo todos los días, Dios te irá puliendo en cada área para manifestarse en tu vida. Todos los días estamos en la rueda del Alfarero, y todos los días Él trabaja algo en nosotros para nuestro bien y con el fin de que vivamos mejor y en plenitud.

Hay algunas mujeres que por naturaleza son espontáneas, otras más tímidas, unas que no cantarán o predicarán, otras que solo servirán y aman servir. Esa es la diversidad, porque pretender que todas seamos iguales en el Cuerpo de Cristo es algo totalmente irreal. Acsa no era guerrera como su padre Caleb. Acsa estaba lista para emprender su camino desde su visión y posicionamiento en la vida. Por eso, pretender que todas seamos guerreras, que todas trabajemos en la música, que todas seamos intercesoras, que todas seamos expertas en teología, convertiría el asunto en algo bien aburrido.

Yo era muy tímida, como conté anteriormente, escondiendo el miedo y acompañada de la Sra. Inseguridad. Pero pude permitir que Dios trabajara en esas áreas de mi vida. Por eso, te invito a que, de la misma forma, no te coloques límites a ti misma. Nosotras somos las únicas que podemos limitarnos. A veces pensamos que es la gente la que nos limita, pero quiero compartirte algo poderoso que he aplicado en mi vida: "La gente tendrá el poder sobre ti que tú le permitas". No dejes que las personas impongan sobre tu vida sus deseos y complejos que han cargado por décadas. No les otorgues poder, aprende a caminar en libertad.

Algo que me costó mucho y que tuve que aplicar literalmente fue abrir mi boca y hablar. No pienses que era muda, no, era que estaba llena de miedos y complejos. No pienses que era que no podía hablar normalmente; era que tenía que aprender a abrir mi boca y manifestar lo que sentía, pedir lo que necesitaba, preguntar. Ahora creo que lo tomé muy en serio. Predico, converso como nunca lo imaginé de niña, y hay días que hablo y hablo. Me río mientras escribo, porque literalmente ha sido así. Siempre he dicho, y lo aprendí con duros golpes, que quien no se atreve no arrebata, y sé que aún me falta mucho más que aprender en esa área.

Tu Padre quiere lo mejor para ti

Esta mujer real, Acsa, me ministra tanto, y una vez más, no se mencionan muchos datos particulares de ella, pero me toca de cerca, porque ella también era la hija de un gran líder del pueblo de Israel. Era la hija nada más y nada menos que del líder Caleb. El nombre de su padre está asociado bíblicamente con guerra, hombre fuerte, tierra prometida. Esos fueron los escenarios de vida de este hombre llamado Caleb. Para mí su historia no es pura coincidencia, como nunca lo serán los asuntos de Dios para nuestras vidas. Se parece mucho a mi historia. Soy hija de un ministro, un gran líder evangélico, y eso me hace mirarla con detenimiento. Hay mucho de qué conversar sobre ella y con lo cual me identifico.

Acsa estaba separada para un hombre según la tradición, pero su padre no escogió cualquier hombre para ella. Es muy fuerte que así ocurriera, pero así era ese tiempo; era una época patriarcal y así era la costumbre. Caleb escogió a un hombre valiente, de trayectoria. No le buscó un vago, ni un modelo. Buscó a alguien con la fuerza y la tenacidad para defender y cuidar de su tesoro más preciado, su hija Acsa. ¿Será mera casualidad? No lo es.

La Palabra de Dios nos habla. Esto tiene una gran lección espiritual para todas nosotras. Es que todo buen padre quiere lo mejor para sus hijas. Tú tampoco, como madre o padre, querrías un mequetrefe para tu hija. Tú anhelas lo mejor. Por eso me reafirmo en que tú tienes derecho. Mujer, si tu Padre, si tu Abba que está en los cielos, quiere lo mejor para ti, ¿tú crees que su plan es que vivas mal, que tengas que aguantar los golpes de un hombre, que tengas que soportar el abuso emocional que es más fuerte que el maltrato físico? ¿Crees que su plan es que tengas que vivir en miseria porque escogiste (y digo escogiste, porque fuiste tú quien tomó la decisión) tener a tu lado a un hombre que no pueda valorarte, respetarte, que ni tan siquiera pueda pagar las cuentas de tu casa o la cuenta de un celular, dejándote desprovista de ayudarte a cubrir aun los gastos más básicos de un hogar, que no se compone de uno sino de dos, que te maltrata así (porque eso también es maltrato)? Es que cuando entras en desesperación y olvidas que tu Padre tiene y quiere lo mejor para ti, sueles perder el enfoque y lamentablemente tú serás quien te llevarás la peor parte, aunque eres portadora de una herencia maravillosa que lleva tu nombre.

Esto pasa en todas las esferas sociales y religiosas. Cuántas mujeres casadas hay en las iglesias que trabajan, pero sus esposos duermen hasta el mediodía, porque él fue llamado al ministerio y tiene que dedicarse a eso solamente. Tengo serias inquietudes con eso, porque lo he visto de cerca, y he visto los pedazos rotos de muchas mujeres anuladas emocional, profesional y físicamente. Dios es un Dios de orden y de balance. Él ordena los pasos de sus hijos para que les vaya bien. La responsabilidad es de ambos, y cuando recae constantemente sobre uno solo, en el caso de las mujeres, muchas de ellas terminan agotadas, laceradas perdiendo el significado de lo valiosas que son.

Mire, mi hermana, si él fue llamado, entonces tú también fuiste llamada. Las cargas deben ser compartidas. Una relación tiene que estar basada en respeto, en sentir la carga el uno por el otro. Porque tan siervo de Dios es uno, como lo es la otra parte. Así lo vivo junto a mi esposo. Sabemos y entendemos que el llamado es para los dos, cada uno con funciones diferentes, pero actuando como establece la Palabra como una sola carne, porque lo que le duele a mi esposo me duele a mí también. No quiero que malinterpretes. Cada pareja tiene sus estilos, pero esto se ha prestado mucho para abusos.

Esto puede molestarte, pero estas son las tristes realidades de muchas mujeres que hoy sufren por no haber escogido bien, o por no buscar la mejor opción, por estar desesperadas. No cedas, porque el

Padre tiene una herencia que es tan completa para ti; Él sabe qué te conviene y qué no te conviene. Solo Él lo sabe. Me perdonas, pero tampoco creo que nadie debe estar profetizando ni escogiéndole pareja a nadie. Viene a mi memoria, en mis años de adolescencia, las veces que lo vi. La gente se casaba, porque Dios le dijo a través de alguien que Fulano o Fulana era la pareja perfecta. ¿Es que acaso tú no tienes derecho a que el Padre te dé conocimiento a ti misma de qué te conviene y qué no? Permíteme recordarte una y otra vez: tú tienes derecho a tener la mejor parte. Tú tienes derecho a pedirle a Dios que te revele. Tú tienes derecho a una respuesta divina, tú tienes derecho a una buena herencia que solo el Padre celestial conoce y que te dará a ti la autoridad para discernir.

Recuerdo el caso de una joven en una congregación conocida. Le impusieron manos y le dijeron: "Este es el hombre con quien te vas a casar". Cuento largo corto, como decimos los puertorriqueños, se casaron, y cuando llegó la luna de miel, aquella joven vivió el peor momento de su vida. Su ahora esposo le confesó: "Soy homosexual y no te puedo tocar". Tristemente, quedaron destruidos y con mucho dolor, porque las emociones mueven, pero el Espíritu Santo da testimonio. Así como esa, sé de tantas historias que no terminaría.

También lo viví en carne propia. A los veintiún años, decidí casarme. Siendo novia de compromiso y faltando meses para ir al altar con quien hoy es mi esposo, ¡bum!, llegó alguien a darme una palabra de que ese hombre no era para mí, y me insistía de manera muy sutil: "Esa no es la persona que Dios tiene para ti". Inmediatamente recuerdo que tomé autoridad. Algo me decía: "Tú tienes derecho". Lo miré fijamente a los ojos, y le dije: "Gracias por sus palabras, pero ¿sabe algo? El mismo Dios que le habló a usted también me habla a mí. Ahora Él me dará convicción y yo siento que ese es el hombre que el Padre separó para mí". El hombre enmudeció y no dijo nada más.

Irónicamente tengo que decir que, gracias a Dios que no era el hombre para mi vida, porque si hubiese sido así, no llevaríamos veinticuatro años casados, viviendo momentos hermosos y otros duros y dolorosos. Creo que cualquier otro hombre no hubiese estado a mi lado. Ese que, alegadamente, no era de Dios se llama Federico, mi amado y paciente esposo Freddie, mi equilibrio, quien me cuida, el amor de mi vida, el que ha estado a mi lado en momentos que creo que cualquier otro de los candidatos que me pretendieron se hubiesen ido. Ciertamente han sido años de amor y felicidad, pero también de muchos procesos intensos.

Tú tienes derecho a tomar autoridad y a decidir hacia qué dirección vas, no hacia la que la gente quiere bajo su manipulación, sino a la que el Padre tiene para tu vida. Como buen Padre que es, Él te va a dirigir; yo lo sé porque lo he vivido en carne propia como lo has vivido tú también. Aprende que también tienes derecho a tomar autoridad sobre todo espíritu y sobre toda palabra que es lanzada sobre tu vida. Este es un tiempo donde la gente no puede gobernar su vida, su casa, pero quiere gobernar las de otros. Se suma a eso la falta de autoridad y el miedo en algunas de nosotras, logrando así que muchas vidas terminen destruidas, sin desarrollar la capacidad de criterio propio.

"Amados, no creáis a todo espíritu, sino probad los espíritus si son de Dios; porque muchos falsos profetas han salido por el mundo" (1 Juan 4:1). Tú tienes derecho, porque tú eres de Dios. Eres su máxima creación y Él te ha dado autoridad.

Mi derecho a estudiar periodismo

Quiero compartirte un tiempo de mi vida para que entiendas aún mejor este mensaje de que tú tienes derecho. Estaba estudiando en la universidad, luego de romper muchos mitos de aquel entonces, lo que deseaba. Quería ser periodista. Ese sería un gran paso en mi vida. Estudiar esa carrera era parte de mi proceso de seguir rompiendo con la barrera de inseguridades en mí. Mi papá siempre me impulsó a estudiar y prepararme, pero a la hora en que decidí a qué universidad quería ir, Universidad del Sagrado Corazón en Santurce, Puerto Rico, no fue de mucho agrado para él. Era una universidad católica.

Yo tenía derecho a escoger, pero realmente se me hizo difícil convencerlo. Recuerdo que estuve siete días ayunando. Yo era persistente, casi me desmayaba subiendo las escaleras de la entonces oficina del ministerio, pidiéndole a Dios que tocara su corazón. Tenía que ser allí, porque era una universidad cuya especialidad era en el área de las comunicaciones; simplemente era allí que quería estudiar. Te confieso que fue intenso y fueron hasta días frustrantes para mí. Sabía que tenía derecho a decidir, así que como yo venía de la escuela de ayuno y oración, esa fue el arma que utilicé. Puede ser que te rías, ayunar para eso.

Era una época muy dura, había muchos conceptos erróneos, presión pública y, al final del día, se terminaba reflejando en mí. Sabía que iba a poder realizar mi sueño, estaba decidida, y si no era en ese lugar, no estudiaría. Al final, después de casi desmayarme ayunando, mi padre accedió. Iría a la universidad, allí no iría a cambiar mis principios, iba simplemente a estudiar. Quiero que sepas que "tú tienes derecho" a prepararte para alcanzar tus sueños, a persistir en ellos. Tal vez para mí hubiese sido más fácil cambiar de idea o escoger otra universidad, pero sabía que tenía derecho. Poco a poco se despertaba dentro de mi espíritu aprender a tomar decisiones y a mantenerme firme, aun cuando hubiese oposición.

Dentro de mí todo se estaba alineando para ser una mujer fuerte. Lo que comenzó con miedo ya iba desatándose para alcanzar nuevas metas y niveles para mi vida. Tal vez para ti puede parecer una tontería, pero para mí dar ese paso era clave, era probar mi capacidad como mujer para ser libre. Comenzaría a dar nuevos pasos, estudiando una carrera que no es para gente tímida. Ciertamente a mis padres les chocó que quisiera estudiar periodismo. Mi papá había lidiado con ellos por años y ahora tendría que vivir con una futura y encaminada periodista. Tú tienes derecho a vivir y a romper con todo aquello que busca frustrar tus sueños.

Llegué a la universidad. Fueron años hermosos, ¡aprendí tanto! Fue parte clave para romper aquel cascarón donde estaba. Digo así, porque nuestras vidas solo giraban alrededor del ministerio, campañas, multitudes, visitas gubernamentales, viajes, pero ahora me tocaría enfrentar el mundo real. Es como dicen algunos; ahora sabría de qué estaba hecha y si de verdad todo lo que había recibido como enseñanza de fe, perduraría en mí. Yo estaba convencida de mi Dios. Le había conocido tan de cerca desde niña, que Él era y es una convicción muy fuerte dentro de mí. Nadie podría arrancarme lo que ya estaba en mi corazón como el más grande y bello amor: Jesucristo. Al contrario, allí fui retada, allí volví a tener la presión pública, de profesores y estudiantes. Ahora me tocaba caminar solita por aquellos pasillos de esa gran universidad.

Nunca olvido un profesor de teología, porque para aquel entonces tenías que tomar dos cursos de teología para poder completar tu bachillerato. Al llegar al salón de clases, el profesor nunca pasó lista por nombre para verificar el grupo, así que nunca vio el mío. Comenzó hablar y enseguida, ¿a que no imaginan? Empezó a dar su discurso de entrada y el mismo incluía de manera muy fuerte a mi familia.

Yo guardaba silencio, ya había conocido algunas amigas que tomaban este curso conmigo, y una de ellas también era cristiana. Ellas me miraban, pero no había ido allí para pelear con nadie. Fui a estudiar. Al final de su discurso y al concluir la clase, mi amiga, quien luego sería dama de mi boda, le dice con esta única actitud: "¿Usted sabe algo? Mi amiga es hija de ese señor que usted insultó al principio de esta clase". Yo quería que la tierra me tragara, pero aprendí algo: ya era hora de enfrentar al mundo y la gente. Él se me acercó de manera muy cortés, y muy amablemente me dijo: "Disculpa, estuve mal". Muy tranquila le indiqué que no había problema, que aceptaba la disculpa; solo quería estudiar y aprender. A raíz de eso, quiero que sepas que fue uno de mis mejores profesores, uno de los que más me ayudó, y siempre atesoro sus buenos consejos hasta el día de hoy. Yo solo gritaba dentro de mí: "Tú tienes derecho".

Las voces que parecen susurrar tu derrota son las que te preparan, son las que te adiestran para sacar lo mejor de ti. No te intimides; así como Acsa, yo estaba lista, y aún lo estoy, para pedir más, porque yo sé que los planes de mi Padre son buenos y Él tiene más para ti y para mí.

"Porque yo sé los pensamientos que tengo acerca de vosotros, dice Jehová, pensamientos de paz, y no de mal, para daros el fin que esperáis" (Jeremías 29:11).

El Padre que está en los cielos sabe y tiene separada para ti la mejor parte, solo si te atreves a pedirle a Él, no a la gente.

Cita divina

Pasaban los años volando y yo estaba ya lista para casarme. Aunque algo joven, pero, en realidad, el ritmo de vida que llevaba me llevó a madurar antes de tiempo en cada una de las áreas de mi ser interior. Conocí a mi amado, quien sería mi esposo y eterno novio, ese de quien les he hablado, a mis dieciocho años de edad. El encuentro fue uno muy particular, pues no estaba en su agenda, ni en la mía tampoco. Así son las cosas de Dios. Ya estaba en la universidad, reflejaba un carácter fuerte, determinado, y estudiaba los cursos conducentes a la carrera en el campo de las comunicaciones. Fue entonces cuando mi papá decidió un verano que viajaríamos con él a una excursión para la Tierra Santa, Israel, junto a un grupo de muchas personas. Lo que yo no sabía era que en ese viaje conocería el hombre que Dios tenía separado para mí.

¡Qué maravillosa cita divina! Dios planifica cada escenario de nuestra vida cuando menos lo imaginamos y donde menos lo pensamos. No fue en una campaña evangelizadora, ni tampoco en una iglesia. Con el paso de los años siempre entendí que Dios me llevó a su misma tierra para que conociera al hombre que me acompañaría a lo largo de mi vida hasta el día de hoy. Mi esposo era parte de un grupo de jóvenes de la Iglesia Discípulos de Cristo en San Juan. Su mamá le había regalado este viaje con mucho sacrificio. La realidad fue que mi esposo nunca escogió ir en el grupo que había organizado mi papá, ese no era el grupo que él había planeado.

Por esas casualidades, como llaman algunos y que nosotras sabemos que son las citas de Dios, su grupo se canceló y lo unieron al que yo estaba. Recuerdo que fue allí donde por primera vez lo conocí.

Hablamos, compartimos, fue un buen grupo de jóvenes. Fueron dos semanas donde recorrimos por Egipto y toda la Tierra Santa. Lo que jamás pensé es que ese joven se convertiría en mi novio y después en mi esposo; el hombre que me acompañaría en un largo caminar lleno de inesperadas situaciones, cambios, y lanzados a retos que jamás, estoy segura que ninguno de los dos, habíamos imaginado.

Al regresar a Puerto Rico, al otro día, de manera inesperada y sospechosa para mi mamá, quien tenía ojo de águila sobre sus hijas, ese joven que había viajado por la Tierra Santa, estaba en la oficina ministerial de mis padres. Nada más y nada menos que con la excusa de traerme unas fotos del viaje. Les cuento que, en aquel entonces y no somos tan viejos, no había todo esto digital; eran fotos reveladas, o sea, en papel literalmente. Obviamente ya había una química, una atracción, estaba empezando a describir un nuevo sentimiento de amor. Estaba empezando a enamorarme.

Por ser hija de quien era, muchas veces los que se me acercaban lo hacían con demasiados protocolos. Freddie era espontáneo; él era un joven maduro, diferente. Freddie no estaba familiarizado con nada del ministerio, mucho menos con mi familia. Él se había criado en la Iglesia Discípulos de Cristo y realmente no estaba al tanto ni de quién era mi papá, y creo que eso lo favoreció en gran manera. Fue una gran ventaja para él y un gran elemento para que estuviera, puedo decir, descontaminado, y así llamar mi atención de manera particular, sin tener que recurrir a los elementos que ya estaba acostumbrada en mi entorno y que me rodeaban día a día. Lo digo de manera jocosa, porque al no conocer esos detalles, después de más de dos décadas, estoy convencida de que él tampoco tenía idea de la chica que estaba enamorando y de los retos tan grandes que conllevaría sostener una relación conmigo. Todos los planes que Dios había hablado sobre mi vida y que, por consecuencia, llegaría a la suya también.

El llamado es de dos

Hay algo que me gusta dejar claro a las mujeres en el ministerio. Cuando Dios te llama para algo, también llama a tu pareja. Por eso es tan importante que "tú tengas derecho" a escoger con sabiduría, entendimiento, oración y en una decisión muy personal quién será tu pareja. Es relevante que no tomes decisiones basadas en emoción, desesperación y, mucho menos, bajo la manipulación de otros, se llamen ministros, amigos, como se llamen. Porque al final de todo, solo tú eres quien vivirás el resto de tus días con esa persona que podría fortalecerte y ser un buen compañero o estancar tu vida y el propósito de Dios en ti.

La chica desesperación es una mala consejera para muchas mujeres hoy en día, quienes piensan que si no han conseguido una pareja les irá mal en la vida. Por eso, en muchas ocasiones, quedan entrampadas al primer susurro de los expertos en palabrerías, pero no tienen nada que ofrecerte a ti en tu dignidad como mujer. Les hablo a aquellas mujeres que están solas. Puedes estar sola, pero no desesperada. Si te decides por lo primero que encuentres sin examinar, sin darte espacio, podrías correrte el riesgo de un fracaso garantizado.

Algunas mujeres dicen: "Tengo un demonio, un diablo en mi casa que me hace la vida imposible". Pero es que ese diablo lo escogiste tú y te lo llevaste para tu casa. Así que como bien escuché a mi madre decir en muchas ocasiones, y esto no es una cita bíblica: "Mejor sola que mal acompañada". Alguna gente me dice: "El ministerio es tuyo". Siempre digo y lo diré dondequiera que el Señor me dé la oportunidad de ir. El ministerio es de los dos. Dios no es loco y actúa como algunos por ahí que sienten que pueden cambiar la humanidad solos, sin asumir sus responsabilidades cuando escogieron una pareja y la vida familiar. Dios une propósitos y llamados. "¿Andarán dos juntos, si no estuvieren de acuerdo?" (Amós 3:3).

¡Qué manía tan grande y horrenda es la competencia entre pareja, aun en ministerios! Hasta tratan de opacar a su pareja si esta brilla en alguna área que, en lugar de celebrarlo y alegrarse, se resisten. Esto no solo está limitado al ámbito ministerial, sino también ocurre en el ámbito profesional. Puedo hablar sobre ambos, porque juntos hemos recorrido ambos y hemos visto cómo familias se destruyen por el hambre del protagonismo, de quién tiene más fuerza o más brillo dentro de una relación. Bíblicamente no se trata de dos, sino de uno: "Y los dos serán una sola carne; así que no son ya más dos, sino uno. Por tanto, lo que Dios juntó, no lo separe el hombre" (Marcos 10:8–9).

La gente toma esta frase sobre "no lo separe el hombre" a la culminación final. He visto de todo en cuanto a esto. Abandonan sus hogares por viajes y compromisos sin poder lograr un balance, y al final del día eso los lleva a la destrucción como pareja. Son hombres que piensan que Dios los llamó a ellos, y dejan a un lado a sus esposas, sin darles el debido valor, ni integrándolas a lo que Dios les mandó a hacer a ambos. Aquí es donde a muchos les renacen las teorías clásicas machistas donde la mujer se tiene que quedar en casa cuidando los hijos y trabajando, mientras ellos se dan la vida encubierta de solteros bajo la palabra ministerio.

Si no tienes balance y abandonas a tu pareja por lo que tú crees que Dios te mandó a hacer, te digo que eso es lo que "tú crees", porque Dios no opera de esa manera. Él es un Dios de orden. Si tu esposa no predica, probablemente sea tu mejor intercesora o quien mejor pueda velar tus intereses en el caminar que están realizando. Hay diversas a funciones, pero en acuerdo es mejor.

No me digas que tu pareja es mala y está llena de demonios, porque te quiere detener de hacer lo que Dios te mandó a hacer, te exige tiempo en casa, te dice que seas proveedor, te exige que atiendas a tus hijos, pues claro que no tiene demonios. Está viviendo en el mundo real, donde se supone que tengas prioridades y tu primer llamado sea el ministerio, teniendo en cuenta a tu pareja. Por eso, desde el día que me enamoré y decidí casarme con mi esposo, Freddie, entendí claramente que él era llamado igual que yo. Aunque en el ministerio tengamos funciones diferentes, tenemos que andar en acuerdo para lograr más. Si quieres bendición en una relación, Dios hace sus asuntos en acuerdo.

Los planes de Dios siempre serán perfectos. Por lo general, Dios siempre termina alterando tus planes, porque Él conoce todo. Por eso es tan importante tomar sabias decisiones. Ninguna relación será perfecta, pero si Dios es el centro, sí será diferente. Y no lo habría conocido en otro entorno que no fuera lejos de todo aquel bullicio, gente, amistades que me rodeaba. Él sería el hombre que estaba separado para mí. No estaba relacionado con la vida ministerial que yo vivía, pero estaba separado en el cielo con una cita divina más allá de los mares. El lugar donde conocería el amor, sería sin planificarlo.

Hoy, más de veinte años después junto a él, entiendo claramente que Dios separó el lugar, el tiempo perfecto para dar inicio a un hermoso noviazgo que nos llevó a unir nuestras vidas en el altar. No todo fue perfecto, en el caminar hubo quien nos celebró, pero también hubo quien nos boicoteó por muchas razones. Pero en realidad, lo que es de Dios prevalece y prevalece para bien. Alabo a Dios por su vida, un hombre humilde, pero lleno de grandes y hermosas cualidades que se convertiría en mi equilibrio; el hombre que entendería el llamado de Dios para mi vida, estando dispuesto de manera incondicional a dar junto a mí cada paso que el Padre había programado para mí.

Muchas mujeres buscan un hombre solo por su físico, sueñan con un galán de novelas, viven buscando al príncipe azul. Te tengo noticias: los príncipes azules no existen, pero si existen aún buenos hombres que pueden amarte, valorarte y celebrarte. El hombre perfecto no existe. La desesperación y la ansiedad por tener una pareja, o la presión de otros porque tengas alguna, la mayoría de las veces, solo desembocan, lamentablemente, en vivencias desagradables que marcarán tu vida. Terminarás tú llevándote la peor parte. La desesperación no es buena consejera. Esperar en Dios y saber escoger quién estará a tu lado por el resto de tu vida, no es cosa de juego. Es algo serio y debes tomarlo con toda la responsabilidad emocional y espiritual que esta decisión conlleva.

Muchas de nosotras, sea por los procesos de la vida o por cualquier otra razón, hemos enfrentado en algún momento la baja autoestima, el no vernos correctamente. El no percibir correctamente quiénes somos es una de las puertas más trágicas que podemos dejar abiertas para que las personas, los amores incorrectos, las amistades inadecuadas, los amores falsos y muchos otros más lleguen a tu vida. Cuando tienen acceso a través de tus carencias, solo entrarán para usarte.

Doy gracias a Dios porque Él guardó mi corazón para la persona correcta, no el hombre perfecto, no el más bello para algunos, pero para mí es el hombre que me brindó respeto desde el primer día, me amó y me celebró como yo era, sin pretender cambiar nada de mí. Él era el hombre correcto que podría ayudarme a lidiar con muchos asuntos que estaban latentes dentro de mí, y muchas otras más situaciones que jamás pensamos que nos tocaría vivir. El verdadero amor no te lacera. El verdadero amor te otorga derechos y la oportunidad de vivir recibiendo tu herencia.

> "El amor es sufrido, es benigno; el amor no tiene envidia, el amor no es jactancioso, no se envanece; no hace nada indebido, no busca lo suyo, no se irrita, no guarda rencor..." (1 Corintios 13:4–5).

Nuestras peores enemigas

No sé si te identificas con esto, pero somos nuestras peores críticas. Nos miramos al espejo y nos sentimos feas. No me digas que no has estado ahí, porque he vivido esos momentos, donde digo: "Hoy me veo horrible". Es así, porque nos vemos desde nuestras frustraciones o cansancio. Eso es parte de lo que vivimos las mujeres reales. Con tristeza tengo que decir que, en muchas ocasiones, en vez de defendernos, acabamos las unas con las otras, nos buscamos los defectos, y en vez de celebrarnos, nos destrozamos entre nosotras con comentarios. He descubierto que nuestras peores enemigas somos nosotras mismas.

Algunas gritan, y lo escribo con mucho respeto. La sociedad no nos valora, está llena de machismo, menosprecio y es cierto, no lo estoy negando, a eso nos enfrentamos. Pero entre nosotras nos boicoteamos, nos criticamos hasta la saciedad y nos cuesta mucho apoyarnos unas a las otras. Lo he vivido en muchas ocasiones, a lo largo de mis experiencias.

Tengo una gran amiga en el ministerio, por cierto, nos hicimos muy amigas a raíz de lo vivido. Esta pastora me ayuda en la coordinación de eventos. Ahora es parte del equipo ministerial para bendecir a las mujeres. Un día, luego de terminar un evento masivo en un pueblo de la Isla, donde hubo un mover hermoso del Espíritu Santo y tuvieron que cerrar el salón por la cantidad de mujeres que llegaron, se me acerca ella en la oficina donde estaba tomando un descanso, me abraza y me dice: "Quiero que sepas que yo te odiaba". Es ese el momento donde te quedas en estado catatónico, y dices dentro de ti: *¿Qué pasó aquí? Acabas de coordinar este evento, amiga, Dios se movió de una manera tan fuerte y tú me dices que me odiabas.* Ese día ella me dijo: "Ya no, Kimmey, qué gran alivio, solo que no había tenido el momento para decirte mi testimonio. Cuando te vi por primera vez predicando en una actividad, yo tenía mis prejuicios, porque tú habías estado en la vida política, habías sido senadora, tenías un broche en tu traje con brillo y zapatos combinados. Yo me molesté, te juzgué. Te confieso que al terminar el servicio tuve que tirarme al altar a pedirle perdón a Dios, porque yo sabía que tu vida era de Dios, tu llamado también. Me uní a trabajar porque creo en lo que estás haciendo". En ese instante nos abrazamos y comenzamos a llorar. Ella necesitaba sanidad y yo necesitaba escuchar, saber que quien da testimonio de mí, como lo da de ti también, mujer, es el Espíritu Santo, el mismo que nos hace libres de prejuicios para que podamos bendecir y ser bendecidas.

En lo individual, en ocasiones, y todas hemos estado ahí, nos miramos al espejo y vemos todos los defectos que nadie nunca antes ha visto. La peor crítica no viene de afuera, viene de nosotras. Nace en el origen de complejos que nos fueron sembrados o conductas que aprendimos.

Cuando puedes celebrar tu vida, teniendo claro cuánto vales y cuán importante eres para el Padre, entonces empezarás a pedir correctamente. Muchas veces no recibimos porque no pedimos o no pedimos correctamente, pero ya tu herencia está separada. Si te atreves a ir un poco más allá, si puedes confiar en ti misma, si puedes dejar a un lado tus barreras emocionales, si puedes confiar al menos un poco en tus capacidades, puedes pedir sin miedo y el Padre te concederá más abundantemente de lo que puedas haber esperado.

> "Y a Aquel que es poderoso para hacer todas las cosas mucho
> más abundantemente de lo que pedimos o entendemos,
> según el poder que actúa en nosotros..." (Efesios 3:20).

Si le pides al Padre, Él te responderá. Acsa ya había recibido su recompensa, su dote para el matrimonio según la costumbre de esa época, lo que a ella le correspondería, pero ella quería algo más. No se cuán dispuesta estás a informarte o pedir algo más. Vamos por más. Sí, atrévete, creo que, si le pides un "don, una dádiva", Él está listo para concedértelo.

Tu derecho a pedirle un don

No te desconectes de esta lectura. Me encanta la frase donde Acsa le dice a Caleb, su padre, quien era un hombre de guerra, quien había entrado a la tierra prometida, quien tenía conocimiento pleno de lo que era obtener una bendición, quien había visto y vivido el cumplimiento de una promesa generacional: "Concédeme un don". "Concédeme". Lo repito porque me parece fascinante, me encanta, es una palabra sutil para pedir algo, pero no es cualquier cosa, es un don.

Es tan bello, porque en realidad lo que estaba diciendo, y puedo hasta dramatizarlo un poco, es: "Oye, dame un regalo". Un don es eso mismo: una dádiva, un regalo. "Dame algo más, yo sé que tú puedes darme ese regalo". Es algo fuerte; ella ya había recibido una parte, sabe que lo que recibió es bueno, no tengo duda de que estaba agradecida, pero Acsa está diciendo dentro de sí: *No pierdo nada en atreverme, porque si hay algo más, yo también lo quiero.* Qué nivel de confianza para hacer lo que tenía que hacer, cuando era justo el momento para hablar, el momento preciso, y tener la tranquilidad de saber que no importaba cuál fuera la respuesta, ella hizo lo que le correspondía y lo que sentía en su corazón. Muchachas, no recibimos más porque no pedimos. El padre está lleno de regalos y solo está esperado que una de nosotras se atreva a decirle: "Concédeme un don".

"Amados hermanos míos, no erréis. Toda buena dádiva y todo don perfecto desciende de lo alto, del Padre de las luces, en el cual no hay mudanza, ni sombra de variación" (Santiago 1:16–17).

Toda dádiva viene del Padre, todo buen regalo Él lo tiene separado para nosotras. Solo está esperando a alguien que pueda decir: "Concédeme una dádiva, concédeme un regalo". Un buen Padre sería incapaz de darles algo malo a sus hijos, aunque en lo terrenal en esta hora que nos ha tocado vivir, hemos visto, hemos escuchado de todo. Ahora con las redes sociales se ven cosas nefastas, pero el que ama verdaderamente y reconoce el vínculo que hay en la relación paternal, sería incapaz de no darle a su hijo algo que necesitara.

"¿Qué padre de vosotros, si su hijo le pide pan, le dará una piedra? ¿O si pescado, en lugar de pescado, le dará una serpiente? ¿O si le pide un huevo, le dará un escorpión? Pues si vosotros, siendo malos, sabéis dar buenas dádivas a vuestros hijos, ¿cuánto más vuestro Padre celestial dará el Espíritu Santo a los que se lo pidan?"(Lucas 11:11–13).

Tienes derecho a vivir en plenitud

Diariamente me encuentro con mujeres y veo su sacrificio, muchas de ellas, criando solas, buscando con esfuerzo cómo suplir las necesidades de sus hijos. Cuántas han levantado sus familias lavando ropa, cocinando, limpiando casas, siendo abogadas, doctoras, pues toda profesión es digna. Están solas, sin la ayuda de nadie, logrando esmerarse para darles lo mejor a sus hijos. Tristemente, en una sociedad donde el rol del padre presente ha sido abandonado por algunos, yo quiero que tú entiendas que Dios es un buen Padre para contigo, mujer. Él, como buen Padre, quiere mimarte. Sí, mi amada, Él quiere darte detalles, quiere que seas feliz y que puedas vivir realizada.

Desde muy niña escuché, hasta el sol de hoy, a tanta gente presentar a Dios como un ogro, como el padre malo que castiga y quita. Hasta canciones cristianas he escuchado que se cantan hasta el cansancio, muchas de ellas tarareadas y creo que sin entender ni lo que están diciendo, aludiendo a cómo Dios quita, a cómo me envió esta calamidad. Por años he visto de cerca a mujeres sufriendo, siendo víctimas de violencia doméstica y, aun así, conociendo todo lo nefasto de sus vidas, hasta en círculos de la iglesia, les dicen: "Tienes que aguantar". Posiblemente esto no te escandaliza, porque tú también lo escuchaste. Canciones disfrazadas que solo aluden a aplaudir el dolor dentro de la vida de hoy, gritan: "Aguanta, aguanta, porque ese hombre va a cambiar". Les hicieron creer que por amor a la obra de Dios había que resistir maltratos físicos y emocionales. Les hicieron creer que eso las harían más santas. Esa es la teoría de que el sufrimiento te purifica. Dios santo, nada más lejos de la verdad; todavía escucho historias de horror.

Quiero decirte hoy que tú tienes derecho a ser tratada con dignidad y como lo que eres: una mujer real. Si alguno te lacera, te lastima, no te ama. Si alguien te golpea, llama a la policía para que se lo lleve, y luego te aseguro que iremos un buen grupo y oraremos por él en la cárcel para que Dios lo ayude. Jamás el maltrato emocional debe ser aplaudido ni tolerado por nadie.

Me he encontrado a tantas mujeres que han sido quebradas, rotas en lo más profundo de su ser interior con palabras hirientes. Hay palabras que duelen más que mil golpes.

Conocí la historia de una amiga que su esposo por años le decía: "En la fila de los cerebros tú fuiste la última cuando los dieron". Su vida era muy triste porque, aunque sonreían en la iglesia y las actividades donde acudían juntos, poco a poco fue rompiendo en mil pedazos a aquella mujer que tanto escuchó aquella mentira hasta que la recibió y la dio por acertada. Esa amiga me contaba cómo siempre hacía todos los trabajos de la casa ella sola, cómo limpiaba, pintaba y nunca recibía un halago de su marido. El cumplido que le daba era: "Por eso trabajo y traigo el dinero, lo demás te toca a ti".

Cuántas mujeres viven aparentado una felicidad que no viven, porque se sienten culpables de tomar una decisión que las lleve a ser libres, por temor a que alguien sepa o se dé cuenta de que aun estando en la iglesia tiene o está viviendo una situación de maltrato. Si algo desea mi corazón en cada prédica es que cada mujer pueda recibir su valía a través de la identidad en Cristo Jesús, y pueda alcanzar su máxima felicidad, esa felicidad que no destruye quién eres, ni el depósito que está dentro de ti.

Así he recibido de otras que les han dicho: "Estás fea. ¿Te has visto en un espejo? Estás gorda". Les confieso que a esta última le dije: "Recuérdale que tú pariste y él no. Escapa por tu vida, porque si te amara te ayudaría a bajar de peso y aunque no bajaras, igual te seguiría amando". Las palabras, en la mayoría de las veces, marcan y laceran más que un golpe.

Acsa, muévete, vamos, llegó la hora de que puedas reconocer quién es tu Padre y cuánto te ama. Él está listo para escuchar tu voz, esa voz que dirá: "Padre, concédeme un don". Te aseguro que Él está listo para concederte tu mejor vida ahora.

Escuché de niña tantas veces un cántico que decía: "Por esas calles, yo quiero caminar, calles de oro, mar de cristal". Uno lo veía tan lejos. Era algo hermoso, pero parecía muy distante de alcanzar. Aunque lo creo y claro que voy andar por ellas, anhelo ese día en la presencia de mi Abba, pero pude asimilar el plan de mi Señor de que mientras esté aquí en la tierra de los vivientes, tengo derecho. Tú también tienes derecho a ver la bondad de Jehová, a ser amada de la manera correcta, a vivir en paz y no consumida por relaciones tóxicas que llegaron para anularte y secarte.

> "Hubiera yo desmayado, si no creyese que veré la bondad de Jehová en la tierra de los vivientes. Aguarda a Jehová; esfuérzate, y aliéntese tu corazón; Sí, espera a Jehová" (Salmo 27:13–14).

Te comparto uno de mis textos preferidos, porque tú tienes derecho a vivir en plenitud, llena del don de Dios en tu vida en la tierra de los vivientes, aquí en este planeta, aquí donde nos tocó vivir. Dios quiere bendecirte, mujer, con tantas cosas hermosas de las cuales aún no tienes idea.

Pide y recibirás

Desde el inicio de este libro has ido recorriendo mis vivencias dentro del marco de la Palabra, porque mi intención es probarte cuán real es cada proceso de nuestras vidas, sin perder lo espiritual. Mi único interés es que puedas ser bendecida. Te hablé cómo desde niña tuve que lidiar con mis temores e inseguridades. Yo también tuve que atreverme a pedir cambios, dirección, en un momento de mi vida. Hice mía esta palabra y te la regalo: "Porque todo aquel que pide, recibe; y el que busca, halla; y al que llama, se le abrirá" (Mateo 7:8).

A muchas de nosotras nos cuesta pedir algo. No sé si fue por nuestra enseñanza, o tal vez por razones culturales, pero nos cuesta. A mí me costaba. Crecí con ese sentido de que pedir no era bueno. En cierta manera, para mí era otra forma de demostrar mis debilidades. Pero te tengo una gran noticia: quien pide, recibe. Yo pedía en silencio en mis oraciones, como muchas de ustedes, hablando con el Padre. Por años pensaba que, si pedía algo, si le pedía a alguien ayuda, o algo que necesitara en algún momento, era incorrecto de mi parte. Estaba muy bien orar allí en lo secreto donde derramas tu corazón, Él conoce todo de nosotras. Ahora, en ese momento que te comparto, el Señor empezaría a confrontarme a otro nivel.

Pasé por momentos muy duros de estrechez económica y oraba. El Señor me traía la gente y yo me sentía grave, me sentía mal literalmente cuando me decían: "Toma esta ofrenda, esta ropa", porque me sentía avergonzada. Jamás pensé pasar por eso, pero ahí estaba siendo confrontada. Un día, orando en mi casa, el Señor me ministró y me dijo: "No me pediste esto o aquello. Ahora traigo la persona y no abres la boca. Esa es la respuesta a tu oración". Más fuerte aún, un día el Espíritu Santo me habló de manera contundente. Me dijo: "Me pides y no recibes porque estás llena de orgullo". Dije: "Señor, no, tú sabes que desde niña te he dado todo cuanto tengo". Pero empecé a examinarme y era cierto.

Dios usó a tanta gente para discernir el potencial que había en mí y, al mismo tiempo, había una voz dentro de mí gritándome: "Hay más para darte, pero tienes que aprender a atreverte. ¡Qué mucho me costaba pedir algo! La desconfianza en uno mismo es algo terrible, es algo que, si lo estás experimentado, debes vencer. No creo en el conformismo. Creo que ese ha sido el lugar donde muchas de nosotras, en algún momento, hemos estado, y por eso, muchas no alcanzan más. Quedarte de brazos cruzados, sin expectativas en la vida, es vivir una vida hueca y sin sentido.

Cuando llega la violencia doméstica

Hay muchas mujeres que sienten que no tienen derecho a ser felices. Viven siendo esclavas de las redes del vil y cruel maltrato físico. Muchas piensan que no tienen derecho a vivir en paz, a respirar, a tener una vida libre de golpes y heridas.

El silencio y el dolor son los acompañantes de muchas mujeres que sonríen, pero lloran por dentro, que salen y fingen ante alguien que todo está bien. Tú tienes derecho a salir de relaciones tóxicas, donde no hay amor, donde solo existe la morbosidad de retener a una persona al lado, aunque eso sacrifique tu valía como mujer. El verdadero amor no te lacera, el verdadero amor no te devalúa, el verdadero amor no te impide alcanzar metas, ni te coloca en posición de desventaja haciéndote sentir menos porque eres mujer.

Mujer, rompe con el silencio, rompe con el ciclo de maltrato. Tú eres especial tesoro en las manos de Dios, pero tienes que empezar a creerlo. Mucha gente puede repetirte frases hermosas y hasta muy románticas sobre el tema, pero hasta que tú no te ames a ti misma, hasta que no te valores, hasta que no saques de tu mente esos pensamientos que avalan y justifican estar en una relación maltratante, no podrás alcanzar tu liberación

Tienes que tener claro que tú tienes el derecho de salir de ese círculo de maltrato. Quien te diga que te ama y te golpea, jamás te ha valorado. Tengo que señalar con mucho dolor y tristeza que la violencia doméstica es un tema que muchos no quieren hablar en las iglesias. Lamentablemente, tenemos demasiados casos que nacen en el seno de nuestras esferas cristianas y nadie quiere enfrentar el asunto. Detrás de ciertos patrones opresores hacia la mujer, se les hace sentir a muchas que no pueden desarrollarse profesionalmente. Se les obliga a vivir condenadas en los brazos de un hombre que las golpea, porque apoyan el concepto de algunos de que tienes que aguantar hasta que Dios transforme a ese compañero, pareja o esposo. Quien te diga que aguantes golpes es igual de cómplice del que los da. Tú no tienes que aguantar ser atropellada. Dios no te creó para vivir lacerada, golpeada y mutilada; eres demasiado valiosa como para permitir eso. Tienes todo el derecho de romper un ciclo de maldición y dolor.

Por otro lado, lamentablemente, hay muchos conceptos hoy en día, dentro de las esferas religiosas, que van dirigidos a elevar el nivel de sufrimiento hasta compararlos con el nivel de consagración: "mientras más golpes aguantes y soportes más santa serás", el concepto donde se deposita el peso del alma del esposo sobre la esposa, haciéndoles sentir "si tu esposo va al infierno, será por tu culpa". ¡Nada más lejos de la verdad!

Quien quiere liberación la alcanzará, pero ese trabajo no te toca a ti. Es muy triste, pero la fórmula de tolerar ha terminado siendo glorificada por algunos religiosos, mientras una mujer está a punto de morir. Escucho hasta himnos que son el reflejo del dolor reprimido. Es terrible fomentar que una persona sienta que a través del dolor puede santificarse.

Amiga querida, tú no tienes que inmolarte por nadie. Hay momentos que tendrás que decidir entre si vives o mueres. Siempre digo esto cuando ministro a mujeres: "Si te están dando golpes, toma autoridad sobre tu vida; llama a la policía para que se lo lleven y lo metan preso, que después algún grupo de la iglesia lo visitará y orará por él para que Dios haga la obra. Si alguien te aconseja que aguantes y te sometas a este patrón oscuro, recházalo y sal corriendo. Tú no eres redentora de nadie, ya Cristo murió en la cruz.

Es increíble, pero he sido testigo de tantos testimonios de mujeres que se me han acercado a narrarme las pesadillas que han vivido, mientras alguien que quiso ser tan espiritual se le ocurrió la maravillosa idea de decirle que tiene que resistir puños, patadas y golpes de todas clases. ¡No y mil veces no! Dios te formó y te creó para vivir a plenitud.

Escuché una vez a una mujer esposa de un ministro que abusaba de ella física y emocionalmente. La gente en su entorno le decía que no se podía separar, que tenía que resistir, porque si se divorciaban eso era un escándalo para la obra de Dios. Recuerdo que le dije: "¿Y tú no eres la obra de Dios?". Si la obra de Dios es la fama, los títulos o las estructuras que se han levantado bajo el nombre de alguien, tenemos un problema grave y serio. La obra de Dios eres tú, y a Dios le interesa tu bienestar y tu vida.

En una ocasión, luego de ministrar y hablar sobre este tema en una actividad de damas, recuerdo que al finalizar la actividad se me acercó una mujer para darme las gracias, llorando. Inmediatamente la abracé y le dije: "Qué bueno saber que la palabra te ha bendecido". Pero rápidamente ella me contó: "Hace un año, tuve que pasar por un divorcio. El que era mi esposo era pastor, y por años aguanté sus golpes y maltratos. Escondía mis marcas para que los hermanos no me vieran. Hasta que un día, me armé de fuerzas y decidí salir de esa relación en la cual no había cambios. Ante los demás, yo era la mala, y me juzgaron sin misericordia. Mientras ahora la escuchaba hablar de este tema, sentí liberación. Llevo todo este tiempo acusándome, sintiéndome culpable por haber desbandado aquel ministerio, como muchos alegaron". La miré fijamente y le dije: "Tú estás viva, tú no destruiste ningún ministerio. Hace rato que eso estaba destruido. Tú hiciste lo que tenías que hacer para escapar por tu vida".

Como este, he escuchado muchos otros casos. Quiero que sepas que, si estás en una relación de violencia, que incluya cualquier clase de abuso, es hora de sacudirte, moverte, amarte y salir en busca de tu liberación. Creo que el hogar es el conjunto de dos seres que se constituyen en uno solo. Pero la Palabra dice: "¿Andarán dos juntos, si no estuvieren de acuerdo?" (Amós 3:3). Nadie puede estar en acuerdo cuando una de las partes es lacerada, arrancando lo más bello que tiene un ser humano y toda mujer, su dignidad. He sabido de algunos que en su vil juego de controlar y mantener este patrón de golpes y violencia, aun parándose en los altares, cantando como los ángeles, predicando y hablando lenguas, les han dicho a sus esposas: "Si hablas y denuncias esto me hundes a mí, y si me hundo yo se hunden todos, se cae el ministerio y te vas a quedar sin nada; así que cállate y no se te ocurra hablar". Al final del día, las hacen sentir culpables y hasta merecedoras de los golpes, llegando al punto de justificarlos, porque cuando los ven cómo flotan en los altares, sienten admiración por sus agresores.

Declaro en esta hora, mujer, que recibes liberación de todo juego emocional en el nombre de Jesús. Créeme que la Palabra dice que no hay nada oculto que no sea revelado, y todo saldrá a la luz (ver Lucas 8:17). Pero ¿por qué seguir permitiendo que alguien te dañe? No lo permitas; coloca un alto, y si conoces a alguien que está pasando por esta situación, conviértete en un enlace de ayuda para llevarla de la mano a salir de ahí.

Todo hogar puede ser restaurado; toda persona que busca ayuda da un buen paso, pero con la ayuda tiene que haber resultados y cambios. Cada persona decide si quiere cambios en su vida, y mientras esos cambios llegan, vuela alto, corre y lucha por tu esencia como mujer.

Toco este tema sin generalizar, esa jamás sería mi intención. Pero las verdades son verdades, y aunque se traten de ocultar, no podemos vencer, ni educar correctamente a nuestras jóvenes y mujeres si no hablamos de estos temas y llamamos por su nombre lo que es inaceptable. La violencia, en cualquiera de sus manifestaciones, hacia una mujer no se debe tolerar. Si estás en una relación de maltrato, así sea por parte de tu esposo, creo que es tiempo de que lo detengas. No importa que sea un ministro, una figura prominente, un novio, como se llame, llegó la hora de romper con esos lazos de manipulación. Escapa de ese ciclo doloroso que te llena de marcas no solo en tu cuerpo sino en tu alma, mente y emociones con el único fin de acabar tu vida.

Mujer, tú eres un regalo preciado de Dios. Tú tienes derecho a abrazar la vida. Abraza a Dios. **#MujerReal**

Capítulo 6

NO NACISTE PARA
LLAMARTE MARA

Y ella les respondía: No me llaméis Noemí, sino llamadme Mara;
porque en grande amargura me ha puesto el Todopoderoso.
Yo me fui llena, pero Jehová me ha vuelto con las manos
vacías. ¿Por qué me llaméis Noemí, ya que Jehová ha dado
testimonio contra mí, y el Todopoderoso me ha afligido?
(RUT 1:20–21)

¡QUÉ MUCHAS MUJERES, y hombres también, se han cambiado el nombre! Han decidido cambiarlo por uno que solo representa amargura, dolor, ansiedad, depresión, tristeza, soledad y cuántas cosas más. Todos hemos ido en algún momento ante el guardarropa de la vida, y al abrirlo solo hemos visto las ropas que se ajustan a nuestro más profundo dolor; esta ropa que al colocar sobre nosotros puede decirle al mundo cómo nos sentimos.

¡A cuántas de nosotras, a raíz de las circunstancias que nos han tocado enfrentar en determinados momentos, nos han querido cambiar el nombre! Sería algo iluso, y quien te diga que no ha vivido un momento de dolor, miente. Sería ideal decir que no hemos estado ahí. Al menos, yo puedo decirte que estuve ahí. Yo quería cambiarme mi historia, mi apellido, todo lo que me rodeaba, porque la visita del Sr. Dolor había llegado a mi puerta. Con su presencia mi mente asimiló que no había otra razón que me pudiera mover. Más bien sentía que quedaría atrapada en los brazos de esa visita cuya fuerte presencia te lleva a querer cambiar tu nombre e identidad.

Me sorprende la facilidad con que algunos venden sus historias de vida en el ministerio, libres de dolor, problemas, situaciones, como si no fueran de este planeta. Yo estoy buscando mujeres reales que, al igual que yo, hemos bajado al valle de la sombra y de la muerte, pero aún estamos de pie. Hoy te digo que quien te haya dicho que no ha estado ahí, miente, porque no hay nadie en este mundo que esté exento de vivir alguna circunstancia que trate de marcarte y te lleve a provocar la acción de hasta cambiarte tu nombre.

No me digas que eres tan espiritual que nunca has llorado, no me digas que eres tan fuerte como para nunca haber deseado salir corriendo y dejarlo todo. Yo estoy hablando hoy con gente de carne y hueso, no con dioses del Olimpo. Hoy te hablo desde mis experiencias de vida, las que no pudieron destruirme. No lo lograron, sino que me hicieron más fuerte en Dios. Por eso, hablo de ellas sin vergüenza alguna, porque son las herramientas más poderosas para que el infierno sepa que soy una sobreviviente, y que nunca tiene el poder para alterar el propósito del Padre. Ese destino, ese propósito, nunca será dañado por el infierno.

Tienes que descubrir el poder de enfrentar cada circunstancia. No huyas, no te escondas bajo el disfraz de otro nombre o identidad. Al igual que Noemí, no decidas cambiar tu nombre solo basándote en lo que ves ahora que te aseguro es pasajero y momentáneo, porque lo que estás viviendo también pasará. Ese problema, esa situación, tiene fecha de expiración. La mentira más grande del enemigo es hacerte creer que las tormentas no tienen final. Sí tienen final, solo dejan estragos y, si tú lo permites, te dejará un nombre que te identifica con el dolor que cargaste.

No permitas que te llamen Mara, no adoptes una identidad que no te corresponde. No te acostumbres tanto al dolor que su visita se convierta en una prisión en la que te condenes a vivir el resto de tu vida. No y mil veces no. Hablo con alguien que hoy dice: "No me llamarán amargura, no me llamarán dolor, no me llamaré luto, no me llamaré arruinada, no. Mi nombre fue escrito en el cielo". Por eso, me encanta este texto, mi nombre está escrito en el cielo.

"El que tiene oído, oiga lo que el Espíritu dice a las iglesias. Al que venciere, daré a comer del maná escondido, y le daré una piedrecita blanca, y en la piedrecita escrito un nombre nuevo, el cual ninguno conoce sino aquel que lo recibe" (Apocalipsis 2:17).

Lo que dice ahí es tan importante, porque solo el que venciere, solo el que confronte, solo el que sea valiente para hacer la transición, solo quien se resista a morir, solo quien decida aferrarse a la promesa del Padre, tiene garantizado un nombre nuevo.

Tengo problemas cuando la gente trata de vivir bajo máscaras, sin poder confrontar lo que ha tratado de cambiar su nombre. Es que en realidad esto es más profundo. Lo que estoy compartiendo es espiritual, es más profundo que un mero nombre. Cuando absorbes una situación, cuando asumes y aceptas que eso no va a cambiar, cuando recibes y das como bueno ese panorama, solo estás estancada bajo una circunstancia que no es permanente, a la cual tú y yo no fuimos destinados. Solo será permanente si tú lo permites. La práctica moderna de muchos es enseñar a la gente a huir de sus verdades, a no aceptar cómo se sienten, y por eso tenemos tanta gente fracasada y alejada aun de Dios, porque no hay nada más terrible que decirle a la gente lo que no es cierto. Cristo mismo, el hijo de Dios, nuestro Redentor, nuestro Salvador, lloró. Cristo sintió en carne y hueso lo que nosotros vivimos hoy.

"Jesús entonces, al verla llorando, y a los judíos que la acompañaban, también llorando, se estremeció en espíritu y se conmovió, y dijo: ¿Dónde le pusisteis? Le dijeron: Señor, ven y ve. Jesús lloró. Dijeron entonces los judíos: Mirad cómo le amaba" (Juan 11:33–36).

Cristo tuvo encuentros donde confrontó el dolor, la pérdida, la amargura y se compadeció de la situación.

"Cuando llegó cerca de la puerta de la ciudad, he aquí que llevaban a enterrar a un difunto, hijo único de su madre, la cual era viuda; y había con ella mucha gente de la ciudad. Y cuando el Señor la vio, se compadeció de ella, y le dijo: No llores" (Lucas 7:12–13).

Él conoce muy claro cuál es nuestra humanidad y dónde estamos en un mundo lleno de conflictos y situaciones. Por eso, Él es nuestro Sumo Sacerdote, quien puede liberarnos, restaurarnos y traicionar nuestra mente y emociones, haciéndonos libres de cargas que solo el enemigo ha querido depositar sobre nuestros hombros para dañar quienes somos en Él.

"Porque no tenemos un sumo sacerdote que no pueda compadecerse de nuestras debilidades, sino uno que fue tentado en todo según nuestra semejanza, pero sin pecado. Acerquémonos, pues, confiadamente al trono de la gracia, para alcanzar misericordia y hallar gracia para el oportuno socorro" (Hebreos 4:15–16).

La verdadera estrategia del enemigo es que no podamos sanar. Al no sanar, damos el espacio para que él traiga sus mentiras sobre nosotros y a su vez adoptemos el nombre incorrecto sobre nuestra vida y emociones. Hay algo que he aprendido: a confrontar y vencer. ¿A quién tenemos en los cielos, sino al Señor? (ver Salmo 73:25–26). Él conoce todo de ti y de mí, y de Él nada podemos ocultar.

Me encuentro con Noemí, otra mujer real. De manera jocosa te comparto que ella visita las actividades de damas constantemente. Digo esto, porque su historia es bastante reseñada o más bien usada para los eventos dirigidos a las mujeres, pero su historia es más real y profunda de los que algunos piensan. Noemí, la mujer fuerte, la columna de su casa, la que había tenido pérdidas irreparables, esposo, hijos, y ahora solo se encuentra con sus nueras, desprovista de todo en tierra extranjera. La mujer espiritual, la que conocía al Dios verdadero, la que se había cuidado de no servir a dioses extraños, la que había sido buena madre, esposa, amiga, consejera, ahora estaba sumergida en el peor de sus escenarios, arropada de un profundo dolor. Su panorama, las decisiones ya tomadas por su ya fallecido esposo ciertamente no la favorecieron a ella ni a sus hijos. Tan es así que solo ella quedó viva. Su dolor era demasiado grande, su panorama no era ni había sido el mejor.

Mirándolo bien, pienso con toda sinceridad que, si tú o yo hubiésemos sido ella, con toda probabilidad no hubiésemos resistido la mitad de lo que ella vivió. Pero, en medio de esta fascinante historia bíblica aplicada al mundo que vivimos hoy, yo veo a una mujer fuerte, pero con la aceptación del dolor. Noemí era una mujer como tú y como yo. Ella era una mujer real, genuina. Ella está diciendo: "No me llamen Noemí. De ahora en adelante me llamo Mara". Esta mujer está diciendo: "De ahora en adelante me van a llamar 'amargura'".

Hablando con sinceridad y libertad, así como soy, les digo que es muy probable que algunos líderes de hoy no la hubiesen invitado a predicar a ninguna conferencia de mujeres, porque Noemí no tenía ánimos de gritar ningún estribillo, mucho menos de danzar y sonreír. Ella está siendo honesta y está diciendo: "Mira mis circunstancias, me han inundado el alma, me han llevado al nivel de hastío". Ella no sería muy espiritual para algunos, porque estaba reconociendo su debilidad, a tal punto, a tal grado, que como te he mencionado, quería cambiarse su nombre. En realidad, era un grito de desesperación.

Noemí estaba amargada, harta, hastiada; su situación había sido devastadora. Sin embargo, hay algo poderoso en medio de todo esto, en medio de esta crisis emocional, espiritual. Noemí estaba caminando, ella estaba siendo impulsada a pesar de las circunstancias, porque ella sabía que, por encima de su condición actual, aún estaba viva. En medio de un pronóstico de muerte sobre su casa, dentro de ella, en lo más profundo, quedaba algo de esperanza.

Así hay muchas que están leyendo. Sé que queda un rayo de esperanza en lo más profundo de tu interior. Sé que, aunque tienes una coraza puesta, tú sabes que Dios quiere sanar tus emociones y cambiar tu lamento en gozo.

"Has cambiado mi lamento en baile; Desataste mi cilicio, y
me ceñiste de alegría. Por tanto, a ti cantaré, gloria mía, y
no estaré callado. Jehová Dios mío, te alabaré para siempre"
(Salmo 30:11–12).

Quiero decirte que no te vas a morir, sino que vivirás para contar
lo que Dios va a hacer en ti. Hoy deseo que llenes tu corazón de un
verdadero nombre: esperanza, gozo. Te afirmo que vas a llegar al otro
lado y tu nombre no será el que tus circunstancias te han hecho pensar que te llamas. No será uno nuevo, porque estás a punto de vivir
un nuevo comienzo en Dios que borrará la mera idea, el solo deseo
de cambiar tu nombre por uno que solo coloque un gran peso sobre ti,
marcando tu corazón, tu atmósfera y tus futuras generaciones.

Vengo a decirte y a declarar, una y otra vez, la Palabra de Dios
sobre tu vida, mente, corazón y emociones. Solo su Palabra provoca
cambios en nosotros y nos lleva a refugiarnos, no en las circunstancias,
sino en su pacto y sus promesas. En este capítulo vengo a proclamar
que como un día decidí que mi nombre no cambiaría, solo porque estuviese el Sr. Dolor presente, él tendría que irse, y así mismo creo para
que retroceda de tu vida y territorio, y tu nombre tampoco cambie en
base a ninguna circunstancia adversa. Porque Él cambia todo manto,
todo nombre que provoque oscuridad en tu vida y robe el gozo de ti.

"A proclamar el año de la buena voluntad de Jehová, y el día
de venganza del Dios nuestro; a consolar a todos los enlu-
tados; a ordenar que a los afligidos de Sion se les dé gloria
en lugar de ceniza, óleo de gozo en lugar de luto, manto
de alegría en lugar del espíritu angustiado; y serán llamados árboles de justicia, plantío de Jehová, para gloria suya"
(Isaías 61:2–3).

Después de casarme y vivir el sueño de toda chica, de Dios rega-
larme un hombre maravilloso, así también terminé mis estudios a
nivel universitario. Me gradué en la especialidad de los medios de comunicación. Los años comenzaron a pasar rápido, vivía en una casa

rentada, teníamos un Toyota, era una vida sencilla. Así comenzamos a labrarnos nuestro propio futuro, solo con la ayuda de Dios. La vida se tornaba más intensa, todo mi mundo cambiaba, ya tenía más responsabilidades y aunque estaba acostumbrada a ellas desde niña, estas eran diferentes. Era esposa y tenía que colaborar con mi esposo a sostener un hogar en todos los aspectos.

La gente piensa que por ser hija de quien era, tenía todo en bandeja de plata, pero no fue así. Tuve que luchar, empezar desde cero junto al hombre que amaba. Pero no estaríamos exentos de tormentas, como nadie lo está en esta vida. Llegaron circunstancias duras, pero en ese momento no tenía idea de cuán difícil y doloroso sería el viaje. El dolor llegó a mi corazón, la visita inesperada de la cruel y despiadada *Madame* Amargura estaba a punto de tocar las puertas de mi corazón. No la conocía, nunca antes había estado ante tan majestuosa, posesiva e imponente figura. El problema es que ella llega como resultado del dolor, y una vez le das espacio, te hace pensar que no hay cabida para más nadie y que es dueña de tu territorio, por lo cual no tienes salida ni escapatoria. Su visita se vuelve una estadía sin final.

Un final de fuertes alcances

Uno de los momentos más difíciles en mi vida fue la inesperada separación de mis padres, lo que les contaré con el mayor de los respetos. Su divorcio fue público, y hasta mediático, por el nivel de las figuras que eran dentro del mundo eclesiástico, no solo en Puerto Rico sino en los Estados Unidos, Centroamérica y América del Sur. Nunca estuve, ni había estado preparada para esto. Ciertamente creo que no importa a la edad que ocurre una separación entre padres, nunca se está listo para enfrentar tan dolorosa realidad, pues el deseo de todo hijo es que ese momento nunca llegue y que el amor sea para toda la vida. Pero con ello también se nos olvida que la vida está llena de situaciones y decisiones inesperadas que sin duda alguna nos estremecerán.

Para mí, este episodio de separación fue muy difícil, aunque era ya una mujer adulta y casada. Fue muy doloroso ver dos grandes amores sufriendo y viviendo un proceso tan desgarrador, pero sobre todo siendo juzgados por los que una vez se llamaron sus amigos, siendo mutilados por los que querían ser tan religiosos que daban alardes de que esto era el fin de una familia y un ministerio. Olfateaba la sensación de morbosidad, el disfrute de algunos que habían comido en nuestra mesa, celebrando la destrucción familiar. Aún recuerdo personas dentro del círculo eclesiástico que, en medio de ese vendaval, no me llamaron para orar, sino para orientarme a que buscara la forma de desaparecerme de todo. Lo que fuera público, porque este era el final de todo eso, me incluía a mí también. Era terrible asimilar lo que estaba viviendo.

Mis padres no fueron perfectos, pero nunca pensé que llegarían a atravesar el proceso de una separación, porque eso no fue lo que recibí en mi casa como formación. Tal vez por eso, no importa que ya no estuviera viviendo en la casa, nada me había preparado para tal momento. Mi corazón se hacía pedazos, al ver como lo que con tanto esfuerzo se había construido por años y Dios les había entregado, sencillamente se hacía pedazos y se venía abajo. Eran días muy duros, la situación se tornó pública, donde mucha gente la usó para hacer escarnio, burlarse y algunos hasta gozarse del dolor de una familia que era normal, de carne y hueso.

Hablo de esto con mucha sensibilidad, pues honro la vida de mis padres. Pero esto es parte de mi verdad. Eso destruyó mi corazón. ¿Cómo enfrentábamos a la gente? ¿Cómo drásticamente los que un día nos aplaudían ahora nos condenaban y eran coro para agilizar la destrucción? Yo pensé que, a partir de ese día, mi nombre cambiaría y que viviría el resto de mis días sumergida en el valle del dolor. Fueron días difíciles, hostiles, sin misericordia.

Llegaron las pérdidas económicas, colocaba mis dos manos para contar y los amigos no llegaban a diez. Los que un día vivieron las multitudes, la gloria, ya no estaban. Veía cómo algunos que se llamaban religiosos daban la espalda y ahora nos repudiaban por nuestra situación. Era puro dolor lo que había en mi corazón. Yo pensé que jamás iba a poder superar aquel episodio, ni pensé que se convirtiera en algo tan notorio, donde todo el mundo estaba pendiente y comentaba sobre la situación.

Desastre financiero

Nos quedamos sin trabajo. Había estudiado, pero mi vida giraba alrededor del ministerio. Ahora tendría que enfrentarme no solo al dolor, sino a la crisis económica. Fueron días donde las pérdidas económicas eran terribles, buscábamos trabajo, no encontrábamos. Decidí empezar a trabajar en lo que apareciera; solo necesitaba un ingreso para sostenernos en medio de la adversidad. Fue entonces que surgió una oportunidad de trabajar como Oficial de Prensa del entonces gobernador Pedro Rosselló. Esta chica que estaba en medio de su mayor quebranto y dolor entraría a trabajar nada más y nada menos que a la Mansión Ejecutiva. Hoy puedo mirar hacia atrás y comprender, sin temor a equivocarme, que Dios me estaba preparando en escuelas fuertes, rompiendo la burbuja en la que estaba. Quiero que sepas que todo lo que el enemigo hace para maldecir, Dios lo tornará para bendición.

Allí en silencio y en medio del vendaval, trabajé por algún tiempo. Recuerdo que con el único carro que teníamos nos transportábamos tres: mi esposo, mi hermana y yo. El viaje comenzaba dejándome en la lancha de Cataño todas las mañanas, para que de allí caminara hasta lo que se conoce como La Fortaleza. Mientras el dolor crecía, había una provisión, pero no pensé que el proceso fuera tan largo como para conocer más de cerca la pérdida. Dios hizo provisión, pero el proceso seguía. Fueron años debatiendo públicamente esta separación, y mientras más largo el proceso, más se complicaba todo.

Recuerdo las veces que sentada en el jardín de la Mansión Ejecutiva como una empleada más me escapaba para llorar y decirle a Dios cuánto coraje tenía dentro de mí. Literalmente, Dios me escondió en aquel lugar. Fue allí donde pulió mi carrera periodística. Fue allí donde tuve que aprender a asumir mi lugar. Siempre sería la hija de Raschke, pero allí era una empleada que tendría que cumplir como todos los demás. Agradezco a Dios su cuidado en ese lugar y el cariño que tanta gente me brindó en medio de aquella tormenta que nos azotaba. Literalmente, Dios me resguardaba por un tiempo en un lugar amurallado.

Hubo días donde me regalaban hasta tarjetas para comprar ropa, jamás olvido esos detalles. Recuerdo un día que me había quedado sin nada de dinero, pues entre todos nos ayudábamos diariamente, y ese día en particular no tenía para almorzar, así que optaba por ayunar. Me había quedado sola en la oficina, cuando de momento suena el cuadro telefónico, contesto, y era la Primera Dama con una voz suave, preguntándome quiénes estaban en la oficina y si querían almuerzo, porque en la cocina de la Mansión Ejecutiva había lasaña y la iban a enviar. No podía hablar. Recuerdo lo mucho que lloré al colgar. Dios estaba siendo mi proveedor en medio de mi dolor. Él estaba enviándome la provisión, lo que necesitaba para cada día.

La crueldad de la situación pública no menguaba, sino que iba en aumento. Vi gente que nos dejó, y cuando me los encontraba, me viraban el rostro como si tuviera una enfermedad. Eso alimentaba mi dolor y amargura.

Según pasó el tiempo, aquel lugar fue solo emporio, pues como todo en la política, al ocurrir el cambio de gobierno, salí de allí sin saber qué iba a hacer, ni a dónde ir. Solo pensaba: "Mi esposo trabaja. Creo que con eso podremos sostenernos". Pero no pasó mucho tiempo cuando mi esposo se quedó sin trabajo. Para colmo, nos robaron un carro, y parecía que el huracán de problemas no terminaba.

Mientras yo vivía un infierno dentro de mí, quería cambiarlo todo, pero no podía. Quería socorrer a los míos, pero no podía. Tenía ese sentimiento de impotencia, coraje, todo a la vez, pero con el único resultado: dolor y amargura para mi alma y mi corazón.

Estábamos literalmente perdiéndolo todo, me tiraba a gritar en la sala de mi casa por horas. Solo podía gritar y reclamarle a Dios por qué. La gente es muy rápida para juzgar el dolor ajeno, sin conocer de cerca la vivencia y mucho menos estar en tus zapatos. No des espacio a la crítica malsana, cierra las puertas a los murmuradores; tampoco suman nada bueno al proceso. Nunca subestimes la situación particular de nadie, porque lo que para ti puede ser pequeño, para esa persona puede ser demasiado importante como para causarle dolor y tragedia. En mi vida, lo que estaba ocurriendo tuvo sus efectos devastadores. El infierno celebraba pensando que había eliminado a un guerrero más del ejército de Dios. Rugía diciendo: "La anulé, se terminó la promesa". Pero el diablo es bruto. Nunca tendrá poder sobre ti, ni sobre mí.

El valle de la depresión

Fueron esos días donde no quería saber de nada que tuviera que ver con asuntos ministeriales. Mi mente empezó a buscar cómo esparcir toda aquella madeja que trataba de consumirme y lanzarme por completo al abismo de la desesperación. Recuerdo que caí en una profunda depresión. No siento pena alguna en compartirte esta experiencia, mucho menos de hablarte sobre esto, porque el dolor y la amargura abren las puertas a tantas cosas que en nada van a bendecir tu vida. Cómo olvidar esos días donde caminé por este valle que intenta cambiarte tu nombre y que des por normal lo que altera tu entorno. En medio de ese borrascoso episodio, mi esposo casi tenía que cargarme, no quería comer, no quería vestirme como siempre acostumbraba, pero ¿cómo explicar que los días se tornaban oscuros para mí? Era como estar en un túnel en el cual no ves salida. Era sentirme morir en vida.

Busqué ayuda profesional, pero nada funcionaba, hasta que un día, en medio de lágrimas, medicación, llantos, me tiré en una butaca vieja en mi sala y de rodillas, casi sin fuerzas, sin poder casi articular, volví hablar con Dios y le dije: "Señor, yo he hecho todo lo que está a mi alcance, ahora necesito que me ayudes. No tengo fuerzas, en mí no hay tal fuerza para pelear contra esto". A partir de ese día empecé a sentir cómo iba mejorando poco a poco y día a día. Era muy lento el proceso, pero la oración estaba cambiando mi entorno y mi atmósfera. Nada ocurre de la noche a la mañana. Cada persona procesa de manera diferente, y debemos darle espacio al Espíritu Santo para que Él haga lo que tiene que hacer.

Algunas personas pretenden que alguien sane y olvide en un abrir y cerrar de ojos, y eso no es así. Todo tiene su tiempo, todo tiene su hora. La sanidad interior no es algo que ocurre de un día para otro y con una varita mágica como algunos pretenden. Tratar de forzar los tratos individuales de Dios en cada persona es un grave error. Si hay disposición de cambio, Él lo va a hacer y los frutos van estar ahí para dar testimonio de que hubo sanidad y liberación.

De igual forma es un error tan común y practicado en nuestras iglesias, donde le han metido en la cabeza a la gente que buscar ayuda profesional, en situaciones donde humanamente necesitamos estrategias, es algo negativo. El argumento más común para evadir esa realidad y no usar los recursos de personas capacitadas por Dios en áreas científicas es espiritualizar todos los asuntos. Hay una parte espiritual, pero no podemos olvidar que hay una parte física, emocional que tiene que ser trabajada. Al no tener los mecanismos correctos, mucha gente se frustra en Dios. No todo se trata de demonios, ni tampoco se puede pretender que todo se arregle con tres gritos. Hay áreas muy sensibles que necesitan ser ayudadas con buenas herramientas que, combinadas con la ayuda y el seguimiento espiritual, darán excelentes resultados. Mucha gente que espiritualiza todos los asuntos en su vida es porque están huyendo de ser confrontados con sus fantasmas y zonas erróneas que necesitan ser alineadas y corregidas. Si estás pasando por un proceso y necesitas ir a un profesional, busca uno, preferiblemente cristiano, y haz la parte que te toca a ti hacer.

En medio de esta crisis, los días eran largos, parecían no tener final. No sé si has pasado por eso, pero para mí eran una eternidad. Necesitaba ser sanada en mi corazón, necesitaba perdonar y liberar a mucha gente que me había herido durante el proceso. Quiero que sepas que el perdón es liberador para ti. Aunque la otra persona nunca se acerque donde ti, ni te pida perdón, tú solamente necesitas ser sano, porque esto solo será liberador para ti y para nadie más.

Sanar toma tiempo, perdonar es de gente grande de espíritu. Sé que no es un trago fácil, porque es morir a tu orgullo, pero ¡cuán liberador y soñador puede ser!

Yo tenía en mi corazón una lista larga de personas que durante ese momento de mi vida me hicieron mucho daño, me provocaron bañar el piso de mi casa con lágrimas, pero no habría restauración para mí si no liberaba y perdonaba. Yo no quería llamarme Mara, yo quería ser Kimmey, la chica que Dios llamó desde antes de estar en el vientre de su madre. Pero para eso no podía seguir cargando las maletas del rencor y una que fue pesada: la rebeldía.

En esos días estaba levantándome poco a poco. Amo la paciencia y la ternura de mi esposo, pues él simplemente oraba y también sufría, pues veía mi dolor. Uno de esos largos e interminables días, salí y mientras guiaba escuchaba la voz del Espíritu Santo que me decía: "Llega a casa de la hermana Nilsa Collazo Goveo". Hoy quiero honrar esta gran mujer de Dios mientras les narro este momento. Ella era una mujer especial, intercesora, que vive en un campo de Bayamón donde se respira paz. Su casa era el lugar donde siempre mi mamá corría cuando se sentía afligida, pues sabía que allí encontraría a una fiel amiga que abría las puertas de su hogar para orar. Aprendí a ir a su casa y era tan fuerte el poder de Dios sobre ella, que el Señor le mostraba las cosas.

Esa mañana decidí llegar a su casa. Recuerdo que estaba atrás en el área de la cocina, pero podía escucharla claramente, que mientras cocinaba hablaba en lenguas. Al pararme en el arco de la puerta de entrada, la presencia de Dios era tan fuerte que caí al piso; solo escuchaba a lo lejos a Nilsa clamando y dando vueltas a mi alrededor. Ella clamaba en voz alta diciendo: "Señor, ella va a ser libre de toda amargura, tristeza, dolor, hasta hoy llegó la depresión". Les confieso que estuve horas en ese piso mientras ella intercedía en lenguas con autoridad. Al levantarme aquel día del piso donde había estado, le pregunté cuánto tiempo llevaba allí y me dijo: "Horas porque hoy era tu día para ser libre". ¡Aleluya! Mi nombre ya no sería Mara.

Nilsa es de esas mujeres sencillas, finas, distinguidas en Dios, que no tiene su nombre en la lista de la farándula cristiana, pero está en la lista de las conocidas por el Padre. Son esas mujeres que viven para Dios, y créeme que esta es una mujer que Dios usó en mi vida como mentora para caminar hacia lo que Dios quería trabajar en mi corazón y mi llamado. Ese mismo día Nilsa me dijo: "A partir de hoy vas a entrar en varios días de ayuno, porque por medio del ayuno las ligaduras son rotas, y Dios se va a glorificar en ti. Todo lo que había estado retenido va a ser liberado". Ella me decía una y otra vez: "Hija, Dios te quiere bendecir y vas a ver la justicia de Dios".

Entré en días de ayuno, ella me llamaba para ver cómo estaba y le decía: "Nilsa, me duelen hasta los huesos". Su respuesta era casi inmediata: "Claro que te va a doler, porque estás rompiendo en el mundo espiritual, estás siendo liberada de un nombre que no te pertenece". Alabo a Dios por la vida de esta sierva que honró hasta el último día de su vida a mi madre Isaura. Son muy pocos los que quedan al final de la tormenta, pero doy gracias al Señor que tuvo a Nilsa para monitorearme, para soltar la Palabra en la soledad de la sala de aquella casa, donde muchas veces solo estuvimos el Espíritu Santo, ella y yo. Perdoné gente que nunca me han pedido perdón, pero doy gracias al Señor que solté desde aquel día lo que me impedía dar pasos hacia el plan de Dios.

Inicio de restauración en Dios

Seguí buscando trabajo, y con el apoyo de mi esposo logré entrar a trabajar en los medios de comunicación. Salía a llevar mi *resumé* (hoja de vida) de sitio en sitio a ver quién me podría dar una oportunidad. Esa oportunidad me la dio WKAQ 580. Fue el primer lugar donde laboré como periodista, ejerciendo mi profesión a plenitud en una de las emisoras de radio más prestigiosas de la Isla. Dios estaba haciendo camino una vez más para mí, mientras Él seguía trabajando conmigo. Tuve turnos muy fuertes, entraba en horas de la madrugada para ser parte de los periodistas del noticiario de la mañana. Eso implicaba que me levantaba a las tres de la mañana y muchas veces no tenía hora de salida, si surgía algún evento urgente que trastocara el mundo noticioso en las mañanas. Eran días donde la crisis económica nos azotó fuertemente.

Comencé a trabajar en la estación como lo que se llamaba un

periodista "on call". Cuando ellos me necesitaban, me llamaban para rendir funciones hasta que adquirí un turno permanente. Dios estaba trabajando con nosotros de manera fuerte. Todo lo que el enemigo parecía que estaba usando para dañar era solo una escuela para prepararme, para constituirme en alguien más fuerte, que no tendría dependencias de nadie. Una mujer real que tendría que aprender a soltar su dolor y mirar a mi Abba Padre, de donde único vendría mi provisión.

Mis días de trabajo en aquel lugar fueron bálsamo para mí. Dios me regaló un lugar donde fui amada por una familia y donde no faltaron personas que sembraron una buena semilla en mí. Fue allí donde trabajé duro, intenso, de manera apasionada, y en donde día a día Dios iba trabajando conmigo en pleno escenario público, siendo parte de las voces periodísticas que levantaban al país con noticias.

Allí fue el lugar donde pude crecer. Fue allí donde con el paso de los días Él estaba arrancando todo dolor, tristeza, todo cuanto Él tenía que arrancar de mí. Fue en esa mesa de redacción de madrugada donde muchas veces lloré, donde muchas veces mi compañero de mesa me completó el dinero que faltaba para tomar el bus de regreso a mi casa. Sí, así como lo lees; donde alguien de mis compañeros me pagaba el desayuno, porque no tenía ni para eso. ¡Qué mucho aprendí allí, qué mucho recibí allí, calor humano, solidaridad! ¡Cuántas veces tuve que tomar un bus a las tres de la mañana para llegar a tiempo a trabajar, y así mismo regresar después de terminar un turno! Tuve más de un trabajo en los medios. A medida que mi corazón iba sanando, Él me iba posicionando. Mis manos no estarían vacías, su gracia era sobre mí.

Conocí el rugir del dolor porque fue lanzado sobre mi vida. Estuvo tan cerca que me cegaba a tal grado que al igual que Noemí, pensaba que Dios se había olvidado de mí. Noemí pensó que Dios se había olvidado de ella, que Dios le había quitado, pero si te fijas en ese pasaje, hay un signo de interrogante porque Dios nunca afirmó la teoría de ella.

"Yo me fui llena, pero Jehová me ha vuelto con las manos vacías. ¿Por qué me llamaréis Noemí, ya que Jehová ha dado testimonio contra mí, y el Todopoderoso me ha afligido?" (Rut 1:21).

Esa es la pregunta y la respuesta que más rápido nos hacemos en nuestra naturaleza humana, y viene como resultado de la dureza del momento. Pero lo que ella estaba viviendo, como nos pasa a muchos de nosotros, era solo el resultado de malas decisiones, algunas situaciones que nunca estuvieron bajo nuestro control y de las cuales Dios no tiene culpa. El plan de Dios no es que tu nombre y mi nombre sea uno de dolor. Su plan es de bien y de gozo para ti y para mí. Así que solo nosotros podemos dar por sentado, de una manera afirmativa, asuntos que no han sido programados en el cielo para nosotros.

El dolor cegó a Noemí, la llevó a querer permanecer bajo una identidad que no fue creada para ella, producto de estar demasiado acostumbrada a vivir en la penumbra del dolor. No te acostumbres demasiado a las circunstancias. No le des vivienda permanente a la *Madame* Amargura, porque puede terminar consumiendo y robándote los mejores días de tu vida. La religión está llena de gente amargada, hipócrita, incapaz de perdonar, olvidar o superar sus escenarios de vida, escondida bajo falsos mantos, pero su nombre es amargura, odio. Hay mucha gente que necesita entender que, para Dios bendecirte y llevarte a un nuevo tiempo, tiene que cambiar tu nombre. Ese que has dado por aceptado y como bueno sobre ti, pero solo representa tu pasado, las cosas que atan. Nada tiene que ver con lo que Dios tiene planeado para ti. Para llegar a Belén, Noemí tuvo que caminar a pesar de su dolor, a pesar de que ella creía que iba con las manos vacías y que llevaba el lamento de un nombre que no le correspondía.

No hay nada más terrible que una persona amargada, afligida, llena de odios y rencores. Puedo hablarte de esto porque estuve ahí en ese valle, y lo único que desea el infierno es que no puedas ser libre. El enemigo prefiere que te quedes con el nombre incorrecto, antes de que puedas ser libre y puedas dar paso a un nuevo comienzo, una nueva temporada donde puedas abrir las puertas a tu sanidad espiritual y emocional. Llegó tu hora para ser libre de la amargura, y de todo aquello que ha querido consumirte. Si te sientes como Noemí, que te cambiaron el nombre o tú te lo cambiaste por uno de maldición en vez de bendición, aún estás a tiempo para cambiar y soltar todo ese peso que te impide hacer la transición.

De verdad que no vale la pena. Mientras te consumes, y pierdes tus mejores días en el lugar donde decidiste cambiar tu nombre aceptando el mal y no el bien de Dios, te estás desgastando. Puede que te rías, pero hay algo que aprendí en mi proceso. Mientras más dolor, más vieja y más arrugada te irás poniendo. Sí, yo hasta envejecí, aumenté de peso. Miro mis fotos y puedo ver cuántas cosas más, pero la realidad era que mi dolor se reflejaba hasta físicamente. No te arrugues antes de tiempo, créeme, no vale la pena. Hay gente que se disfruta verte así, que prefieren verte así porque, aunque suene fuerte esto, disfrutan tu dolor. Es por eso que nunca te hablarán de este tema porque quieren verte consumida y arruinada. Mira lo que dice el salmista: "Mientras callé, se envejecieron mis huesos. En mi gemir todo el día. Porque de día y de noche se agravó sobre mí tu mano; se volvió mi verdor en sequedades de verano" (Salmo 32:3–4).

Cierra capítulos

Creo con todo mi corazón que puedes soltar todo eso que has cargado por tanto tiempo, que puedas cerrar capítulos en tu vida, dándole punto final y conclusión a asuntos que solo han provocado sobre ti la inmensa y angustiosa carga, cambiando tu nombre como Noemí. Más aún, como dice el salmista, convirtiendo tu verdor, ese color que te regala la vida, en sequedades en pleno verano. ¿Hay alguna Noemí que al igual que yo pueda reverdecer, ser libre y alcanzar las alturas sin llevar el pesado equipaje de la amargura?

No te pases el resto de tu vida hablando del pasado, ni del dolor que otros te causaron, porque entonces no hay sanidad. Siempre vendrá quien con su morbosidad querrá satisfacerse trayendo a tu memoria lo que pasó. Tampoco lo permitas, cierra la puerta a toda persona que venga a tratar de abrir heridas que han sido sanas. Lamentablemente hay personas que son expertas abriendo heridas, pues su alimento es el dolor que otros han vivido. Toma autoridad sobre tu vida y tu entorno, no seas tan espiritual que quieras redimir la humanidad. Eso no te toca ti, ni a mí. Cerca tu territorio, tu casa, tus emociones, no des acceso a lo que no te bendice y solo quiere atrasarte en tu caminar.

Me da mucha tristeza cuando leo, especialmente en las redes sociales y otros foros, cómo la gente, aun cristianos, en su mayoría hablando desde su dolor, impartiendo sobre el pueblo lo que no es correcto. Muchos cargan al pueblo con sus malas experiencias que no han sido sanadas, llevando a la gente a la amargura, a que vivan sumergidos en lo mismo que ellos han vivido. Por eso creo que, en este último tiempo, Judas se ha vuelto tan famoso en algunos escritos. No me digas que no lo has leído alguna vez: "Los Judas se ahorcarán, los Judas se entregan solos". Me parece que es una seria señal que nos dice que se necesita ayuda y sanidad en el alma. No trates de disfrazar tu dolor, querida, no hay maquillaje que pueda cubrir las heridas del alma. Por más que trates de ocultar, esas heridas no se pueden maquillar, simplemente tienen que ser sanadas.

Siempre va a ver gente en nuestro caminar que nos causarán dolor, que tratarán de marcarnos. Sin embargo, aprendí de mi escuela de vida, que no vale la pena llevarlos contigo a un maravillo viaje que se llama vida. No creo que en él haya espacio para la muerte. Suelta, deja atrás a quienes te causaron dolor. Perdonar no significa que tienes que volver a entregarle la confianza a esa persona. Perdonar es liberador y puede ocurrir estando cada quien en su lugar. Hay gente a quien aún después de haber fallecido y no estar físicamente, tú puedes perdonar y recibir liberación. Recuerdo una anciana que una ocasión viajó con nosotros a Tierra Santa, el mismo viaje donde te conté capítulos atrás que conocí a mi amado esposo. Me marcó su historia en aquel entonces, pues la compartió con todos en el viaje, y fíjate que, en aquel momento, yo jamás pensé, ni remotamente, que me tocaría pasar por procesos de perdón como la separación de mis padres.

Estábamos montados en un barco en el mar de Galilea y se dio un servicio. Aquella anciana empezó a llorar de manera desgarradora. Era fuerte su llanto, casi a gritos. Al terminar la oración por ella, y suspirar tras sus lágrimas imparables, nos dice: "Tengo más de setenta años, mi papá murió hace muchos años atrás, nunca pude perdonarlo hasta hoy. Soy libre, soy libre". Aquella experiencia me sacudió. Ella estaba llena de dolor por alguien que estaba muerto. Ella estaba cargada, su nombre era Mara, hasta ese día que pudo colocarle punto final a lo que nada producía en su vida. Qué mucha gente hay así, odiando adoloridos hasta por alguien que ya está muerto mientras tú estás vivo, sufriendo, dejando de vivir tus mejores días. Por eso creo que mientras lees estas líneas recibes liberación. Declaro sanidad sobre tu corazón en el nombre de Jesús como el Señor lo hizo en mí aquel día.

Decídete a tomar autoridad sobre tu entorno, sobre tu vida, esa que Dios te regaló, para que la vivas al máximo en Cristo Jesús. No permitas que las decisiones de otros te afecten y te marquen. Aquella situación dolorosa de mis padres no me pertenecía, y mucho menos tenía el derecho de cambiar mi verdadero nombre, el nombre que Dios ya había dicho en el cielo a mi favor. Todo toma su tiempo, a mí me tomó un tiempo para sanar, soltar y volver a vivir a plenitud sin permitir que la fragancia de la ruina invadiera mi entorno. Es un buen día para sanar y volver a tomar tu verdadero nombre. Noemí era Noemí, nunca fue Mara. Tú nunca serás llamada por el nombre de tu dolor. #MujerReal

Capítulo 7

UNA DEPRESIVA LLENA DE FE: LA VIUDA DE SAREPTA

*Vino luego a él palabra de Jehová, diciendo: Levántate,
vete a Sarreta de Sidón, y mora allí; he aquí yo he dado
orden allí a una mujer viuda que te sustente.*

(1 REYES 17:8–9)

R ESULTA SER QUE vivimos un tiempo donde mucha gente pretende que evadas tus verdades y tus situaciones. La viuda se Sarepta hoy sería descalificada por muchos. Para algunos hoy en día, que creen que estar en Dios y servirle es sinónimo de solo grandeza y opulencia, ella no sería bien recibida. Creo que de entrada tampoco le darían la oportunidad de hablar en muchos altares. Todas sus características eran de una mujer en medio del peor momento, en una tierra donde a los ojos de los hombres no tenía oportunidades, porque Sarepta estaba en su peor crisis gubernamental y económica. En realidad, la gente se estaba muriendo de hambre en aquel territorio.

Me río mientras escribo estas líneas, porque de niña solo conocía a esta viuda. En los servicios especiales dedicados a las ofrendas, no había un momento donde ella no estuviera presente y su historia fuera narrada para levantar una ofrenda. Al parecer, para algunos su fe era solamente suficiente para provocar un milagro económico. Lo cierto es que la Palabra es clara y narra que en esta casa ocurrió un milagro de provisión y multiplicación.

Pero quiero que veas algo conmigo. Esta mujer real también me encanta y me identifico con ella, porque era una depresiva llena de fe. No me tomes a mal con lo que estoy diciendo. De primera instancia puede sonarte chocante, pero la realidad es que la viuda estaba en el valle de la depresión, de la ansiedad, estaba preparándose para morir ella y su hijo. Su pensamiento era fatalista.

> "Y ella respondió: Vive Jehová tu Dios, que no tengo pan cocido; solamente un puñado de harina tengo en la tinaja, y un poco de aceite en una vasija; y ahora recogía dos leños, para entrar y prepararlo para mí y para mi hijo, para que lo comamos, y nos dejemos morir" (1 Reyes 17:12).

Esta mujer se estaba preparando para recibir la muerte, danzando en un pie no estaba. Su realidad era que no había mucho que hacer, su pensamiento definitivamente no era optimista. Sé que no faltarán los que al leer esto me criticarán y dirán que es algo fuera de contexto. Esto es sencillo. El estar en medio de una crisis y darte permiso para sentirte mal no te inhabilita de tener fe. Quien ha conocido a Dios y lo ama es capaz de conservar su fe, aun en los días más oscuros de su vida. Es capaz de conservar su fe, aunque no tenga fuerzas para caminar. Es capaz de conservar su fe, aunque el pronóstico diga lo contrario. Estar en medio de una crisis y sentirte mal como resultado de tu clara humanidad no te inhabilita para que seas una persona que, dentro de su corazón, albergue la fe y esperanza de que un milagro aún puede ocurrir.

Los religiosos la descalificarían, porque ella no era una mujer en su mejor momento. Quiero que sepas que no es en los mejores escenarios donde a Dios le encanta manifestarse. Es en los peores momentos, donde tú y yo no tenemos el control y no podemos literalmente hacer nada, donde a Dios le encanta exhibir su poder sobre ti, para que todos tengan que ver y reconocer que de Él y solo de Él es el poder.

> "Tu diestra, oh Jehová, ha sido magnificada en poder; tu diestra, oh Jehová, ha quebrantado al enemigo" (Éxodo 15:6).

De Él, y solo de Él es el control de todo lo que acontece y pasa a nuestro alrededor.

"De Jehová es la tierra y su plenitud; El mundo, y los que en
él habitan. Porque él la fundó sobre los mares, y la afirmó
sobre los ríos" (Salmo 24:1–2).

Pero seamos sinceros. Para algunos hoy, basados en teorías que
he escuchado, tendría que asumir que ella no era bendecida; tendría
que pensar que según estas predicas, ella estaba en maldición, porque
estaba viviendo un momento de escasez y dificultad. Nunca permitas
que la gente mida tu bendición o lo que eres basado en lo que tú puedas tener. Todo lo material es pasajero, viene y va, pero la bendición
de Dios es permanente.

Durante mi experiencia aprendí que yo soy bendecida tenga o no
tenga, que mi fe no depende de las cosas temporales, mucho menos de
cosas materiales que hoy son y mañana no son.

"No lo digo porque tenga escasez, pues he aprendido a
contentarme, cualquiera que sea mi situación. Sé vivir humil-
demente, y sé tener abundancia; en todo y por todo estoy
enseñado, así para estar saciado como para tener hambre, así
para tener abundancia como para padecer necesidad. Todo
lo puedo en Cristo que me fortalece" (Filipenses 4:11–13).

Algunos solo prefieren repetir la parte de "Todo lo puedo...", pero
Pablo estaba diciendo lo que te estoy enseñando. He aprendido a contentarme, a vivir con mucho o con poco, sé tener abundancia y necesidad, pero nada de eso robará mi fe.

Aprendí que la viuda de Sarepta fue una mujer real que sufrió en
carne propia sentirse sola, agobiada, depresiva, pero nunca perdió su
fe. Dentro de su crisis, aunque fuera en el último momento, dentro
de ella latía su corazón con la certeza que aun en el final, Dios podría
cambiar su panorama y el de su casa. Puedo ver más en esta historia,
porque un día estuve como la viuda. No que hubiese perdido a mi esposo, sino que tenía en mi vida demasiadas pérdidas en muchas áreas
de mi entorno. En el capítulo anterior conversé contigo sobre cómo
viví una etapa de dolor y depresión. Así fue, pero nunca perdí mi fe.

Yo sabía dentro de mí que el Dios que había visto haciendo milagros en aquellas multitudinarias cruzadas evangelizadoras en Latinoamérica y tantos otros países, era el mismo que podía visitarme en medio de mi adversidad.

La viuda tenía varios planes, y nadie puede decir que entre ellos no estaba esperar la muerte. Ella misma se lo dice al profeta. Así también me sentía yo en aquel determinado momento. Una piensa que literalmente se va a morir, porque como dicen algunos, parece ser que no hay luz al final del túnel. Ahora puedo entender que ese proceso de escasez económica en mi vida, de estar bajo la presión de crisis familiar, me sirvió para depender absolutamente del Padre, del que ha dicho que nada nos faltará. Aprendí a creerlo.

> "Mi Dios, pues, suplirá todo lo que os falta conforme a sus riquezas en gloria en Cristo Jesús. Al Dios y Padre nuestro sea gloria por los siglos de los siglos. Amén" (Filipenses 4:19–20).

Fe en medio de la crisis

Sarepta es el lugar donde muchas de nosotras no quisiéramos estar nunca, pero ¿quién no ha tenido un Sarepta en su jornada de vida? Sarepta es el lugar de fundición, donde será exhibida la gloria de Dios sobre ti. No faltarán los que traten de robar tu fe, ¿o tú crees que a esta viuda no la zarandearon los saqueadores de la fe? Cuando una está en medio de una crisis, no faltan las voces que te tratan de robar lo único que queda dentro de ti, la esperanza de que algo pueda surgir aun de las mismas cenizas, que puedan estar vistiéndote y arropándote.

Me parece escuchar las voces de algunos en aquel entonces, que me decían: "De esa crisis que tú estás viviendo difícilmente la gente vuelve a recuperarse". Esas palabras retumbaban una y otra vez, porque Sarepta es el lugar donde la fe será probada; donde no faltarán el eco y el susurro de los que afirmarán tu derrota.

Al igual que la viuda, en momentos de dificultad y donde parecía que nada podía ocurrir siempre guardé la convicción de que un milagro todavía podía ocurrir. En aquel lugar donde solo había escasez, dolor, soledad, traiciones, cuántas cosas, estaba siendo formada, estaba aprendiendo a dejar a un lado todo orgullo. Recuerdo cómo fui componiéndome en el proceso, cómo entrar en intimidad con Él en mi habitación, ir de rodillas y saber que no necesitaba que llegara alguien de renombre a orar por mí; comprender que Él quería tratar conmigo sin la intervención de hombre alguno, refiriéndome a ministros o amigos. Era solo Él y nadie más que Él. Hubo días en que me lanzaba en la sala de mi hogar a llorar y gritar literalmente. Muchas ocasiones decía: "Señor, envíame a alguien, algún profeta, alguien que me diga algo". Pero nadie llegaba. A mi entender nadie llegaba, pero el Espíritu Santo estaba listo para actuar; yo era quien tenía que reclamar mi depósito de autoridad.

Nunca llegaron, pero un día orando, el Espíritu Santo me inquietó y me sacudió de manera muy fuerte. Me ministró y me dijo: "Tú tienes poder y autoridad, yo te he dado una promesa, una palabra, acciona sobre ella". Siempre tengo en mi hogar aceite ungido. Un día, en una de esas pataletas que todas hemos tenido ante el Señor, porque en Sarepta también hay desesperación, entendí que mi botella de aceite era un efecto decorativo en mi casa, pero Dios me estaba llamando a actuar sin tener que esperar que el evangelista tal o el más conocido del momento llegara a mi casa.

¿Habrá alguna mujer que mientras lee pueda accionar como lo hice yo ese día, y lo sigo haciendo, y pueda derramar aceite sobre su cabeza, lanzar la Palabra y decir: "En este Sarepta yo no voy a morir, en este Sarepta pronto va ocurrir un milagro"? Soy una mujer de fe sencilla, que aún creo en orar, ayunar, derramar aceite y actuar en fe. Quiero reafirmar en ti que Sarepta no será el lugar donde te vas a morir, aunque te sientas desfallecer. Sarepta será el lugar donde conocerás la manifestación de Dios y otros tendrán que hablar del milagro que Dios va a hacer contigo.

Para mí, la viuda de Sarepta es el retrato de muchos episodios que viví. Ella se sentía sola, y así me sentí muchas veces. Ella sentía que lo que le quedaba no iba a ser suficiente para sobrevivir. Ella se sentía

119

triste y depresiva, pero su milagro venía de camino. Es en medio de las crisis donde somos probados, donde somos equipados.

No me hables desde tu lejanía, ni me ministres de lo que no has vivido, porque se convierte en palabra muerta cuando no hay una vivencia. Los vecinos y los que estaban ajenos a la casa de la viuda podían comentar, hablar, pero ninguno sabía en realidad lo que pasaba en casa de la viuda, solo ella. Por eso, no te enfoques en lo que la gente diga o haga mientras vives o pasas por tu crisis. Enmudece. Ordénales callar a las voces que te gritan: "Te vas a morir, en Sarepta no hay esperanza".

Pasé episodios de los cuales aprendí que Dios siempre llega a tiempo. En uno de esos tantos momentos que pasé esperando, al igual que la viuda, o la muerte o un milagro, fui a una entrevista de trabajo (llegué a tener hasta tres trabajos para ver cómo sobrevivíamos). Una de mis citas laborales fue en una megatienda. Allí estaba yo sentada en un cuarto como con veinte personas más, esperando mi turno a ser llamada para entrevistarme. En esa fría sala de espera que aún tengo grabada en mi memoria, había un enorme televisor. Una y otra vez pasaban unos visuales sobre la megatienda y los beneficios de trabajar allí, y que algún día podría ir a su famosa parada.

Sabía en mi mente y le decía al Señor: "Tú sabes que necesito este trabajo, necesitamos sobrevivir, hay muchos pagos atrasados, la casa, el dinero no nos alcanza. Padre, solo te pido que me ayudes". Entraba una y otra persona, hasta que finalmente escuché que me llamaron. Cuando dijeron mi nombre y apellido, todo el mundo me miró como preguntándome: "¿Tú aquí?". Porque hay gente que piensa que, porque tienes un apellido conocido o un puesto importante o eres el líder eclesiástico de renombre, no te llegará tu Sarepta. ¡Qué concepto tan erróneo y tan fuera de la más cruda realidad!

Pasé a la oficina, recuerdo el enorme escritorio, y tomé asiento. Allí estaba una señora muy elegante, me miró por encima de sus espejuelos y me hizo varias preguntas. Mi corazón estaba esperanzado en obtener el trabajo. Luego de unos minutos, esta elegante mujer cuyo nombre no recuerdo, pero cómo olvidar su imponente voz, se dirigió a mí y me dijo: "¿Sabes? Yo no te voy a dar este trabajo". En un momento así, dentro de ti corre una mezcla de emociones: no sabes si gritar, salir corriendo, brincar encima del escritorio, y decirle: "Pero ¿por qué?". Es una sensación de la cual ahora me río, pero en ese momento, era grave para mí. Dentro de mí decía: *Oh, no, el apellido*. Respiré profundo, guardé silencio, y escuché lo que me dijo después: "No te voy a dar este trabajo, porque lo que Dios tiene para ti no es este lugar; este no es tu lugar. Podría darte el trabajo ahora mismo; necesito empleados de temporada, pero si lo hago no estaría obedeciendo a la voz de Dios". En ese instante, lágrimas empezaron a rodar por mi rostro. En realidad, me sentía mal. Solo pude decirle: "Gracias", y salir de aquel lugar pensando morirme en Sarepta.

Ese es el momento cuando todo dentro de ti dice: "Señor, pero yo estoy haciendo mi parte. Llego hasta aquí, estoy a un paso de entrar a trabajar, y esta señora dice que Dios le muestra que no siente darme el trabajo. ¿Y ahora qué? Ahora es el momento donde vendrán respuestas inesperadas. Salí de allí hablando con el Señor, preguntándole muchas cosas. Ya teníamos tres meses de atraso de la casa, no habíamos logrado juntar el dinero, tenía el banco encima, y esta señora me dice que no puede darme trabajo.

Recuerdo que guiaba un carro que no tenía aire acondicionado, y eso en Puerto Rico es mucho decir, porque la temperatura del trópico es bastante alta, así que sudaba como loca. Al llegar a mi casa, dije: "Bueno, Señor, qué vamos a hacer, solo puedo seguir tocando puertas y esperar". En la noche, mi esposo y yo estábamos orando en la sala de la casa. Oh, mi Dios, ¡si la sala hablara! Allí oramos con dolor, tristeza, cansancio, pero oramos. Le dijimos al Señor: "Todo lo que tenemos nos lo has dado tú, mucho o poco tú fuiste quien nos diste esta casa. Entonces, si tú no las diste, el diablo no nos la puede quitar". Orábamos cada uno en una esquina, noche tras noche, por supuesto, haciendo nuestra parte humana.

Milagros de provisión

Es importante que entiendas que todo milagro siempre conlleva que el hombre haga su parte. Dios no tiene varitas mágicas como algunos pretenden, como tampoco puedes manipularlo tratando de comprar un milagro. No funciona así, te toca moverte, actuar, creer, aunque no veas nada, sin olvidar que lo justo Dios siempre lo tendrá listo para ti. Me encanta este texto porque siempre venía a mi mente, está presente en todo momento:

> "Por tanto os digo: No os afanéis por vuestra vida, qué habéis de comer o qué habéis de beber; ni por vuestro cuerpo, qué habéis de vestir. ¿No es la vida más que el alimento, y el cuerpo más que el vestido? Mirad las aves del cielo, que no siembran, ni siegan, ni recogen en graneros; y vuestro Padre celestial las alimenta. ¿No valéis vosotros mucho más que ellas?" (Mateo 6:25–26).

Haz lo que toca hacer sin desgastarte, y ten por seguro que lo que tú necesitas, Dios lo traerá a tus manos porque Él cuidará de ti. Creo en los milagros de provisión, pues los viví. En Sarepta es donde tú aprenderás a no depender de ninguna figura, sino absolutamente de Dios.

Una de esas tardes que pasaba en mi casa, en mi Sarepta, siento que se detiene un vehículo al frente de mi casa y me muevo para ver quién podría ser. Ya había caído la tarde. Sin apenas haber visto de quién se trataba, escuché una voz suave de una mujer que llamaba mi nombre. Corrí para alcanzarla, pero ya se iba. Cuando salí no vi a nadie. Pensé: *Bueno, a lo mejor fui yo que pensé que me llamaron*. Di la vuelta, pero me percaté de que había un sobre blanco en el piso. Lo tomé y al abrirlo había una nota que decía: "Dios me habló y me dijo que te trajera este dinero".

Empecé a llorar y a temblar con el sobre en mi mano. Corrí a la habitación y le decía a mi esposo, Freddie: "Corre, ven acá". Mi esposo pensó que me había ocurrido algo, casi no podía hablar. Él me decía alarmado: "Dime, ¿qué pasó?". Yo solo podía decirle: "Acaba de ocurrir un milagro". Cuando ve el sobre, estaba justo lo que nos faltaba para completar los pagos atrasados de la casa.

Nos tiramos de rodilla a dar gracias al Padre, porque Sarepta no era el lugar para nosotros; no para estar desprovistos ni morirnos. Era el lugar donde conoceríamos nuestros propios milagros. Ya no serían los que mis padres habían visto; ahora podría ver los milagros que Dios haría a mi favor. Tal vez pienses: *¿Y cómo, así nada más?* No, así nada más no ocurren los milagros. Ocurren cuando puedes entender que todo está bajo el control absoluto de Él, y puedes descansar en el poder de su fuerza. Yo intenté hacerlo con mis propias fuerzas, pero Él quería que aprendiera a confiar en Él para ver su manifestación.

Sarepta fue el lugar donde el profeta visitó la viuda. Dios no lo mandó a ninguna otra casa sino a la de ella en específico, porque quiero que sepas que Dios tiene tratos específicos, en escenarios reales. Dios nunca se muda, ni tampoco sacó a la viuda de aquel lugar, sino que envió el milagro a su casa. Hay experiencias, lugares y momentos que no vamos a estar exentos de vivirlos, porque el lugar no es importante. Dios es capaz de hacer un milagro en el desierto mismo, si tan solo tú puedes creer; si tan solo, aunque sea con tu último suspiro, tal vez lleno de tristeza y sin aliento, aun puedes creer.

"Dijo Jesús: Quitad la piedra. Marta, la hermana del que había muerto, le dijo: Señor, hiede ya, porque es de cuatro días. Jesús le dijo: ¿No te he dicho que si crees, verás la gloria de Dios?" (Juan 11:39–40).

En el lugar donde todos esperan tu ruina, Dios está a punto de hacer un milagro. Quiero que sepas que durante esas temporadas que viví y que comparto contigo a lo largo de este libro, Él no dejó de sorprendernos, de multiplicar y de probarme también para que mi fe aumentara. Ya mi fe no dependería de los milagros que había visto en otros, ni tampoco sería producto de ser hija de quien era, sino de que pudiera conocer a Dios en mi Sarepta.

La viuda fue una mujer honesta y sincera. Tenemos que aprender a ser genuinas, a no pretender ser lo que otros pretenden que seamos, y a no tratar de impresionar a la gente diciendo que todo está bien cuando no lo está. Cuántas veces guardé silencio y nadie supo de mis circunstancias, pero cuando se hacían públicas, cuando la gente se enteraba, ya no podía decir: "No está pasando nada". Es que, en Sarepta, Dios te enseña que lo que parece poco ante tus ojos es solo lo que Él necesita para hacer algo mayor de lo que estás viendo con tus ojos físicos.

No trates de vivir ocultando tus verdades. Si no tienes para un carro lujoso, no tienes; si no tienes para una mansión, no tienes; si no tienes para una cartera cara, no tienes. Pero eso no te hace menos, ni te incapacita ante Dios. Aprendí a ser sincera conmigo misma, aprendí a ser transparente. Por eso me encanta la sinceridad de esta mujer, y me identifico con ella. ¿De qué te vale vivir en una nube aparentando lo que no eres, si al final del día sigues estando en Sarepta? Eso es engañarte a ti misma. No lo hagas, vive tu verdad, y aprende a ser honesta contigo misma.

Cuántas veces, cuando agarraba el bus público para ir al trabajo, decía: "Señor, ¿por qué yo tengo que estar aquí? Tú puedes darme mucho más". Es en ese lugar donde vas a aprender a valorar todo lo que tienes, aunque parezca poco. Yo aprendí a valorar que tenía vida, que podía trabajar, que aun en el bus podía mirar a otros que estaban peor que yo, y allí saber que su poderosa mano me estaba sosteniendo. La viuda obedeció a Dios en medio de su crisis, porque cuando el profeta llegó le dijo: "Vete y hazme unas tartas, cocina algo", ella fue sincera y sacó a flote su aflicción. Le dijo: "Lo que me queda es para echarme a morir con mi hijo" (ver 1 Reyes 17:12).

Tu sinceridad no le caerá bien a todo el mundo; habrá quien no te entienda. No te detengas ahí. Quien te tiene que entender es el mismo que te está pidiendo obediencia. Ese podrá entender tu perspectiva de vida y lo que estás viviendo, y lo tomará para usarlo a tu favor.

"Entonces él [Elías] se levantó y se fue a Sarepta. Y cuando llegó a la puerta de la ciudad, he aquí una mujer viuda que estaba allí recogiendo leña; y él la llamó, y le dijo: Te ruego que me traigas un poco de agua en un vaso, para que beba. Y yendo ella para traérsela, él la volvió a llamar, y le dijo: Te ruego que me traigas también un bocado de pan en tu mano. Y ella respondió: Vive Jehová tu Dios, que no tengo pan cocido; solamente un puñado de harina tengo en la tinaja, y un poco de aceite en una vasija; y ahora recogía dos leños, para entrar y prepararlo para mí y para mi hijo, para que lo comamos, y nos dejemos morir" (1 Reyes 17:10–12, [nota aclaratoria]).

Esta mujer ya había perdido a su esposo. Su mente y sus emociones ya conocían lo que era el luto y la separación. No bien había salido de una tragedia cuando venía otra de camino. Eso decía lo que estaba de frente, pero ¿qué decía el reino de Dios sobre ella? Esa depresiva, adolorida y enlutada todavía tenía fe.

Después de caminar en medio de la adversidad, Dios no dejó de sorprenderme todos los días. Estuve un año completo orando por un carro que no tenía. Decidí en medio de mi Sarepta orar por algo que no veía (ver Hebreos 11:1). Colocaba mis manos hacia el garaje de la casa que estaba vacío, y por un año oré en acuerdo con mi esposo y dimos gracias por el carro que no veía y no tenía. Dios estaba obrando en mi vida de una manera muy fuerte; estaba activando mi propia fe, a pesar de todo lo que veía de frente, a pesar del pronóstico de la gente. Tienes que aprender a pararte sobre tus pies y provocar que el cielo se mueva a tu favor. Si algo aprendí durante aquellos días es que a Dios no le movía mi actitud de queja, ni mis pataletas de niña mal acostumbrada. A Dios lo mueve un corazón agradecido y lleno de fe por lo que no ve, pero cree que Él lo puede hacer.

Ese año los que sabían que oraba por un carro y daba gracias por el que venía e iba ocupar ese espacio en el garaje de mi casa, se burlaban. Aprendí mientras tanto a gozarme en el bus, a llorar cuando pensaba que no me darían las fuerzas para tanto, pero dentro de mí había algo que renovaba mi espíritu y era saber que Dios miraba mi actitud.

La gente habla de desiertos y procesos; eso ha estado muy de moda. Lo que me incomoda es que preparan a la gente para estar toda la vida en Sarepta. Los desiertos serán cuan largos tú los desees. Tu actitud determinará el periodo de duración de los mismos. Si eres obediente, agradecida, no importa cuántas lágrimas corran por tus ojos, no importa cuánto sientas desfallecer, si tú crees, Él será fiel para contigo.

"Conoce, pues, que Jehová tu Dios es Dios, Dios fiel, que guarda el pacto y la misericordia a los que le aman y guardan sus mandamientos, hasta mil generaciones" (Deuteronomio 7:9).

Quiero que sepas que, al año de estar orando, un amigo de la familia, quien era gerente de una prestigiosa cadena de ventas de autos, un hombre muy respetado que ya partió con el Señor, me llama. Aún recuerdo su voz fuerte y peculiar cuando me dijo: "Kimmey, te llamo porque alguien me dijo que estás sin carro y yo tengo un carro para ti". Inmediatamente, como las reacciones que son naturales de vivir en Sarepta, le dije: "Yo no tengo dinero para eso, mucho menos crédito".

Fui demasiado sincera, algo así como la viuda. En otras palabras y en buen lenguaje puertorriqueño, le dije: "Estoy *pelá'*, no tengo plata, no hay forma para eso". ¡Qué ironía! Llevaba un año dando gracias y solo estaba pensando en mi Sarepta. Él no se quedó callado y me dijo: "Kimmey, pasa por aquí por la casa de carros; ven y míralo, con eso no pierdes nada". Quedamos en vernos al otro día. Tenía que hacer arreglos para llegar allá, pues mi situación no era fácil para transportarme. Cuando fui al día siguiente, me recibió con tanta alegría. Siempre fue un hombre muy servicial, excelente vendedor y muy amigo de mi papá. Al verme, me llevó al lote donde había cientos de carros, me dirigió hacia uno en particular, abrió el carro e inmediatamente me dijo: "¿Te gusta? ¿Verdad que está bonito?". Le dije: "Sí, está hermoso, pero no tengo dinero para esto". Me repitió con voz firme y clara: "Contéstame si te gusta". Rápidamente le dije: "Claro que sí, cómo no me va a gustar, pero ese no es el problema". Rápidamente me dijo: "No hay más que hablar, este carro lo dejó pago para ti alguien a quien Dios tocó".

Oh, Dios, sentí que me desmayaba literalmente. Estallé en llanto. Solo podía decirle: "Llevo orando hace un año por un carro que no veo y que no tengo, y aquí está". Jamás olvidaré ese momento. Lloré, grité, él me abrazó y me dio la llave. Es que Sarepta es solo el lugar para ser preparados para un milagro y probar tu fe. Actualmente, el carro, aunque está viejo, permanece en mi casa. Nunca he podido venderlo, porque cada vez que lo veo me recuerda la fidelidad de Dios. No temas por lo que otros puedan pronosticar o decir. Cuando Dios decide bendecirte, no importa en el lugar que estés, ni cómo te sientas, Él lo hará. Él decidió bendecirte aun en el lugar donde parece no existir ni el más mínimo grado de posibilidad.

Cierro este capítulo con una nota muy importante de esta historia bíblica. Cristo mismo hizo referencia a la fe de esta mujer (ver Lucas 4:26). Fue una mujer del Antiguo Testamento, una enlutada, depresiva que supo que, en Sarepta, Dios iba a ser su proveedor y guardador. Ella jamás se imaginó que Cristo, en su discurso a los fariseos, haría referencia a ella. Una mujer sencilla, sin títulos, pero con una gran fe que, aún miles de años después, sería recordada y traída a memoria por el Maestro. Esto es maravilloso y solo quiero que atesores este momento donde Sarepta y una viuda sin posibilidades ahora es el mayor ejemplo de fe para los eruditos, religiosos e incrédulos de la época.

> "Y en verdad os digo que muchas viudas había en Israel en los días de Elías, cuando el cielo fue cerrado por tres años y seis meses, y hubo una gran hambre en toda la tierra; pero a ninguna de ellas fue enviado Elías, sino a una mujer viuda en Sarepta de Sidón" (Lucas 4:25–26).

Ser real trae bendición y prepara tu escenario para futuras generaciones. Negar tu verdadero escenario, el momento de vida que estás enfrentando, no te llevará a ser una mujer ni un hombre menos espiritual. Al contrario, te llevará a un nuevo tiempo donde conocerás de cerca el cuidado de Dios, y tu legado bendecirá futuras generaciones. Vamos, ¿habrá alguna mujer que se atreva a ser la diferencia aun estando en su Sarepta? #MujerReal

Capítulo 8

LLEGÓ LA HORA DE RECOGER ESPIGAS

Así volvió Noemí, y Rut la moabita su nuera con
ella; volvió de los campos de Moab, y llegaron a
Belén al comienzo de la siega de la cebada.
(RUT 1:22)

En ESTA TEMPORADA de mi vida, la cual doy gracias al Señor por permitirme vivirla a plenitud en Él, estoy agradecida del Padre por sus cuidados y me considero una sobreviviente. En este tiempo me llama mucho la atención y observo cómo la gente es experta colocando punto final a las historias. Algunos trataron de hacernos víctimas de eso a mi familia y a mí, pero no lo lograron. Sin embargo, veo cómo se trata constantemente de colocarle punto final a la vida de la gente, y muchos son expertos descalificando.

Quiero compartirte en este capítulo algunas anécdotas, pero quiero que entiendas que el Dios que me ha sostenido, me ha enseñado que cada vez que todos piensen que es tu final, Él está preparando una nueva cebada que marca en tu calendario un nuevo comienzo, el cual Dios está a punto de regalarte.

Miremos a Rut, la moabita, la que volvió con su amada suegra, la que dejó todo atrás a cambio de algo desconocido para la gente, pero conocido en su espíritu. Rut, una mujer real descalificada, porque era de otra nación. Rut, la que era viuda. Rut, la que no tenía plata. Rut, la que llevaba las manos vacías a los ojos de la gente. Rut, la arriesgada. Rut, la que estaba lista para hacer lo que tuviera que hacer, echando todo a un lado, pero iba lista para arrebatar una nueva vida.

Me encanta cuando la escritura que inicié hace referencia específica de que ellas, Rut y Noemí, llegaron a Belén al comienzo de la siega de la cebada. Todo el mundo había dado por terminadas sus posibilidades desde Moab hasta Belén. Todo el mundo dijo: "Estas dos se mueren y cuando lleguen al otro lado no tienen casa, no tienen carro, no tienen ropa de caché, se acabó para ellas". Ahí es que me imagino a los que murmuraban de un lado y del otro. De un lado decían: "Son poca cosa, desprovistas, estas no tienen futuro". Del otro lado, el de Belén, dirían: "Mira quienes llegaron ahí, una extranjera con la Noemí que se fue un día de aquí, y mira cómo vuelven. Mírales el aspecto, ellas no tienen *blower*, vienen a morirse acá".

Pero Dios que es un Dios de detalles tenía preparada una nueva ventana de oportunidad para ambas. Era el inicio de una nueva cebada, el comienzo de una nueva oportunidad. Solo un detalle; alguien tendría que percatarse de la nueva cebada. Alguien tenía que estar lista para traicionar su mentalidad y para enrollarse las mangas, sudar y actuar para recoger las espigas que provocarían provisión en todas las áreas de la vida de estas mujeres reales.

Quiero que sepas que ninguna bendición viene para la gente sin compromiso, mucho menos para los vagos, para los que viven amarrados a un espíritu de pasividad que los consume. Dios quiere bendecirte, pero para eso alguien tiene que estar dispuesto a echar al zafacón su orgullo y enfocarse en lo verdadero y en lo genuino. Se trata de morir a tu yo, se trata de permitir que ocurra una transición en tu vida y con ella un cambio de mentalidad.

Muchas no avanzan porque se quedan estancadas en su pasado, en lo que fue y no pudo ser, en esa relación que no resultó, en ese maltrato de la infancia que te marcó, en esa crisis económica que ocasionó pérdidas de todas clases. No hay peor enemiga que nosotras mismas; descubrí en mi vida que no hay peor verdugo que uno mismo. Somos expertas dándole espacio a lo negativo, a quedarnos en el mismo lugar porque no nos arriesgamos a los cambios y a dar pasos de fe. Si quieres alcanzar bendición, tienes que aprender a doblarte a recoger espigas. Hay una nueva temporada lista para ti; hay un nuevo comienzo, pero solo para aquellos que estén dispuestos a moverse, sacudirse y accionar.

Muchas veces queremos ver resultados sin antes evaluar qué debemos hacer para lograr esos resultados. Todos tenemos áreas en nuestras vidas donde Dios estará continuamente obrando. Nadie es perfecto. Todos estamos en las manos del Alfarero y todos necesitamos morir a algo en nuestras vidas para que Cristo sea exaltado.

"Pero los que son de Cristo han crucificado la carne con sus pasiones y deseos" (Gálatas 5:24).

Quiero que recibas esta palabra, una que será de liberación y vendrá a posicionarte para el inicio de una nueva cebada. Hay un campo lleno de espigas que solo esperan por alguna mujer real que no les tenga miedo a las circunstancias, ni a los retos; que pueda modificar conductas, una que esté lista para ir a tomar lo que ya le corresponde.

Dios te va a moldear

Muchas veces en mi vida Dios me ha lanzado retos muy grandes, pero en cada momento, a diario, Él ha tenido que trabajar conmigo para moldear unas áreas que me impedían ver lo nuevo y salir al campo a recoger mi nueva cebada. Desde muy joven, fui una perfeccionista, quizás por el tipo de hogar en que me crié, donde existían múltiples presiones. Yo misma me esforzaba en tenerlo todo organizado de manera perfecta. Esta fue un área donde mi esposo, recién casados, tuvo que ayudarme mucho. No podía pensar ni estar tranquila, si mi casa no estaba en orden o mis ropas puestas por colores. Si salía de la casa y había dejado algo ubicado de alguna forma en específico y alguien lo había movido, aunque fuera un centímetro, yo sabía. Creo que estaba a punto de ser compulsiva, si es que no lo fui.

En los comienzos de mi vida matrimonial, mi esposo me ayudaba a limpiar la casa donde vivíamos rentados, y se daba cuenta que después que él había limpiado, yo volvía a limpiar e iba rápido a pasar el trapo sobre lo que él ya había limpiado hacía solo unos segundos. En mi mente no estaba limpio, si yo no lo hacía. Fueron días fuertes, los perfeccionistas sufrimos mucho. Logramos ser exitosos, pero nos castigamos a nosotros mismos. Hasta que un día, mi amado esposo, me dijo: "¿Por qué limpias lo que ya yo limpié?". Fue un choque absoluto a un área de mi vida que nunca antes nadie me había señalado. Aunque te rías, me sacudió, porque esto es más profundo de lo que yo pensaba. Me sonó hasta bíblico (¿Por qué llamas inmundo lo que ya yo limpié? [paráfrasis de Hechos 10:15]). Había áreas de mi vida de las cuales necesitaba liberación para vivir a plenitud y en paz conmigo misma.

Estaba siendo confrontada por primera vez, y con el paso del tiempo, el Espíritu Santo y mi esposo me ayudaron a darme cuenta que solo me desgastaba física y emocionalmente, perdiendo los mejores días de mi vida y la posibilidad de una nueva temporada. No te sientas mal por eso. Todas las mujeres reales hemos tenido que rendir algo a los pies del Maestro, y si no lo has hecho, te recomiendo que lo intentes porque te vas a dar cuenta de cuán libre puedes ser. Te vas a percatar de cuántas cosas te pierdes de alcanzar en Dios por mantener conductas que solo te consumen, las que te impiden ver que el campo de la cebada está listo, repleto de una nueva cosecha para ti.

Solía en las mañanas arreglar mi cama tipo militar, con los cojines decorativos, que a mí me encantan, bien puestos, de manera perfecta e intachable como de revista. Si tenía un edredón o ropa de cama, ninguno podía tener jamás una mancha. Eso era algo terrible desde mi perspectiva de vida y de rutina. Era imposible vivir así, pero yo vivía de esa manera. Hasta que Dios empezó a tratar en todas esas áreas, que parecen pequeñas para otros, pero para nosotras son grandes.

Es allí donde el Padre quiere moldearnos para que aprendamos a vivir conforme a la vida que Él ha preparado: una llena de libertad en Cristo Jesús. Quiero que sepas que todavía arreglo la cama perfecta, no todo el tiempo, más bien diría la mayoría de las veces. He soltado bastante el asunto, porque todo eso es pasajero, es vano. Hay algo que aprendí en mis escuelas: a soltar, a no angustiarme por todo, a no desperdiciar todo mi tiempo limpiando. No digo que eso no sea un área importante, pero tomar las cosas demasiado a pecho, de manera obsesiva, no te da la oportunidad de disfrutar el momento. Lo que Dios te está regalando en ese instante es demasiado bueno como para desperdiciarlo.

Puedo decir que soy libre. Si algo se ensucia, se lava. Si se rompe, se volverá a recuperar en algún momento. Llegar ahí me costó tiempo, pero fui libre. Sé libre para ir al campo y recoger espigas. Pareciera increíble, pero, en mi caso, Dios terminó de quitarme muchas manías, y usó lo que menos esperaba: un perro *shitzu* que conquistó a mi esposo. Llegó a nuestro hogar de forma inesperada, se quedó de manera permanente, y ahora hasta duerme con nosotros.

A su llegada a mi casa, yo me decía: "No voy aguantar esto". El perro lo rompía todo; me mordió, con sus pequeños dientes, destrozó unos zapatos que había conservado por años y que eran muy especiales para mí. Lo más grande fue que los destruyó en cuestión de segundos, así como muchas cosas más que solo por amor toleré. Eso fue un factor que muchos no verán como muy espiritual, pero en mi caso sería una pieza medular para terminar de arrancarme muchas de mis manías, que no me dejaban disfrutar de los pequeños momentos que son los que realmente son importantes y llenan el espíritu.

Lo más grande es que el perro lleva casi ocho años con nosotros, sigue siendo terrible, juguetón, pero cuando lo miras después de hacer uno de sus desastres, tiene una hermosa cara angelical, de esas que al mirarte te rompen el corazón y te hacen recoger o arreglar cualquier desastre que haya dejado. Aun las cosas que parecen pequeñas, te pondrán a prueba en tu carácter para probar si estás listo para la nueva encomienda que Dios quiere darte. No todo el mundo está listo ni para la nueva cebada, ni mucho menos lo están para recoger espigas. En ese momento donde todo cambiaba y se alteraba en mi vida, incluso la llegada de un perrito a mi casa, pensé: *Estoy siendo probada. Creo que llegó la hora de ser libre de todo espíritu perfeccionista que me quedaba.*

No me malinterpretes, no es malo ser ordenado. Creo que Dios es un Dios de orden y se mueve en el orden. Lo que es malo son nuestras obsesiones que nos lleven a desenfocarnos de donde estamos y cuál es nuestra asignación. Noemí y Rut llegaban a Belén. Tenían que estar enfocadas, ya no más en el pasado que habían dejado atrás junto con Moab. Ahora tenían un gran campo y alguien tenía que prepararse para recoger espigas.

Aunque te rías conmigo, y tal vez puedas identificarte, son muchas las áreas que en ocasiones nos impiden alcanzar nuevas temporadas y ver que el campo está listo. El Padre solo espera a alguien que esté disponible; a alguien que quiera hacer la transición de Moab a Belén; a alguien capaz de moverse sin quedarse estancado en lo viejo; a alguien que pueda moverse a pesar de su dolor o a pesar de ser perfeccionista como yo lo era; a alguien que vaya a buscar espigas. Dios no necesita mujeres perfectas, Dios necesita mujeres reales, que tengan disposición a pesar de todo lo que puedan haber vivido o enfrentado en algún momento de su vida.

Me tocó recoger muchas espigas y sé que aún me faltan muchas más. Recoger espigas significa doblarte, pasar trabajo, estar dispuesta a hacer todo por alcanzar tu bendición. Muchas veces, la gente se rio de mí, muchos no entendieron mis escuelas, mis asignaciones, mi trayectoria. Pero yo alabo a Dios por todas las veces que llegué a Belén a recoger espigas, porque cada vez que lo hice Él me estaba moldeando, Él estaba mirando mi disposición para agradarle.

Que nada te detenga de ir a Belén, llegar y ver la nueva cebada, como Noemí y Rut. Muchos querrán detenerte a través de la burla, del menosprecio, de hacer ver cuán insignificante es lo que Dios está haciendo contigo. No lo permitas. Decídete a entrar a Belén con tu cabeza en alto, porque en la obediencia hay bendición, y el que camina en humildad, el Padre lo honrará.

"El que es el mayor de vosotros, sea vuestro siervo. Porque el que se enaltece será humillado, y el que se humilla será enaltecido" (Mateo 23:11–12).

No te hablo de que te pisoteen, ni que permitas que otros te laceren, sino de que con humildad puedas accionar donde te ha tocado estar, sabiendo que el Padre te recompensará.

"Y todo lo que hagáis, hacedlo de corazón, como para el Señor y no para los hombres…" (Colosenses 3:23).

Durante esos años, Dios quebrantó muchas áreas de orgullo dentro de mí, pues después de haberlo tenido todo, de haber visto a Dios moverse en las multitudes, de estar en una familia ministerial reconocida, me tocó ir al campo a recoger espigas. Quiero que sepas que alabo a Dios por esa temporada, aunque te parezca una locura, porque tuve que aprender a moverme en fe y a entender que ningún siervo es más grande que su Señor. Aprender a tener dependencia absoluta de quien había prometido guardarme y de quien me había llamado desde antes de estar en el vientre de mi madre.

"De cierto, de cierto os digo: El siervo no es mayor que su señor, ni el enviado es mayor que el que le envió" (Juan 13:16).

En una ocasión, volví a visitar a la hermana Nilsa Collazo de Goveo, quien no me soltaba en oración y seguimiento. Llegar a su casa en aquel campo en Puerto Rico era llegar continuamente a una cita divina donde el Espíritu Santo me seguía moldeando y enseñándome a ser libre de dolor, amarguras y tristezas. Sin embargo, Él me estaba también preparando como una mujer de oración, llena de poder y autoridad espiritual, capaz de tener fe para ver hecho realidad lo que mis ojos físicos no podían ver. Cuando llegué, me dijo: "Hija, hay un congreso de mujeres en Estados Unidos. Te bajé la información sobre la actividad. Sería hermoso que pudieras llegar allí". Me le quedé mirando y de inmediato le dije, como siempre: "Goveo, pero ¿con qué dinero, si apenas tenemos para echar gasolina y vivimos de día en día?".

Era un tiempo muy duro, tan duro que hasta fui a buscar ayuda gubernamental para alimentos. Me la dieron, y con eso hacía compra para mi mamá y para mí. Tan grande fue la crisis que acudí al Ejército de Salvación, a quienes agradeceré toda la vida, porque ellos me ayudaron a pagar parte de mi casa, la luz y el agua. Años más tarde, cuando ya era senadora, tuve el honor de ser una de las madrinas de campaña para la organización, hablando como testimonio de las ayudas que me brindaron.

Los tiempos difíciles activan la fe

Es que hay que ir a recoger espigas. Es en los campos de la nueva cebada donde tu fe se activará, a tal punto que Dios usará todo lo que esté a tu alcance para bendecirte. Hoy lo puedo decir como testimonio porque fue temporero, pero estuve allí y no me morí, sino que estoy de pie. Cuando tengas que recoger espigas, eso no te va a matar, sino que te hará más fuerte y llena de vivencias y provisión.

Govea me dio la promoción del evento, y me dijo: "Llévatela y empieza a orar. Dios puede traer a alguien que te pague todo y llegues allí". Ella se reafirmó en que iba a orar conmigo para que eso sucediera. Me decía: "Hija, necesitas sentarte lejos de todo a recibir una palabra, y siento que esta actividad es para ti". Sinceramente me llevé el papel con fe. Eran días en que había entrado en una nueva dimensión de oración y ayuno muy intensa en mi vida. Estuve meses con la promoción en la puerta de mi nevera. Todos los días le colocaba la mano encima, oraba y decía: "Señor, si es tuyo, tú vas hacer el milagro para que yo llegue allí".

Al paso de las semanas, una persona había ido a mi casa a llevarme algo y me preguntó por el papel que estaba en la nevera. Le dije que estaba orando por ese evento, porque no tenía cómo llegar, pero oraba por un milagro. Creía que Dios podía llevarme allí para recibir una palabra. La persona se fue. A los días, recibí una llamada donde me dijeron: "El pasaje y el hotel están pagos, solo tienes que buscar transportación terrestre para llegar a la iglesia". Mi cuerpo temblaba. Estaba en medio de mi nueva cebada, me tocaba moverme en fe.

Así que empaqué y me fui con mi hermana. Contacté a un hermano en la fe que vivía en la Florida, quien había sido un fiel e incansable colaborador y coordinador del ministerio de mis padres (ya partió con el Señor), a quien honro, y le expliqué la situación a ver si tenía algún vehículo que pudiera facilitarme. Él, muy amable, me prestó un carro que tenía que por todos lados en sus cristales decía "Se Vende". Así iría desde Orlando hasta Tampa. Él me dijo: "Llévatelo a ver si lo promocionas en el camino y aparece un comprador".

Comencé mi viaje con el carro hasta Tampa. No había GPS para ese entonces, así que literalmente era por fe y rótulos a seguir en la carretera. Mi esposo se quedó en Puerto Rico preocupado, pero él sabía que todo había sido un milagro y veía cómo Dios estaba tratando con nosotros en medio de la nada. Queríamos llegar a la primera noche del servicio, aunque fuera tarde, ya que la carretera estaba muy oscura. Mi hermana me decía: "Ya no llegamos al servicio, los americanos son muy puntuales y eso debe haber terminado ya". Pero había algo dentro de mí que me decía: "Sigue hasta la iglesia". Les confieso que era la primera vez que conducía por esa área de Tampa, Florida.

Tengo tan clara en mi memoria la hora de esa noche. Eran casi las nueve cuando encontramos el lugar. Nos estacionamos y entramos, ya no quedaban casi asientos. Pero al entrar por las puertas de aquel enorme templo, vi cómo el predicador, T. D. Jakes, corría de un lado para otro en el altar. "No he podido iniciar este mensaje, el Espíritu no me deja, porque hay una cita divina para alguien que tenía que llegar a este lugar", decía él. Sentí cómo el Espíritu me sacudió y caí de rodillas. Sabía que, entre aquella multitud, Dios me estaba hablando. Un grupo de hermanas empezaron a orar por mí. Él decía con voz fuerte: "Mujer organizada, voy a trabajar contigo; te voy a desorganizar, te voy a enseñar a depender de mí, porque lo que voy hacer contigo es muy grande".

Esa noche entendí que estaba llegando a Belén para recoger espigas y estar a los pies de mi Maestro. Solo tenía cincuenta dólares en mi cartera, estaba sentada en el último asiento debajo de un foco. A la mañana siguiente, cuando llegué para la primera conferencia, una joven me dice: "El Espíritu Santo me dice que te tienes que sentar en primera fila. Vas a estar en los primeros asientos al lado de los ministros, porque el Señor te dice que te trajo este fin de semana para tratar contigo". Llegaba todos los días con mi carro prestado que decía "Se Vende", y me sentaban en la primera fila como si fuera parte de los ministros oradores invitados. Allí Dios me marcó con una palabra profética. Esa noche, la predicadora se bajó de la plataforma, hablando en lenguas, se dirigió directo a mi silla, y me dijo: "Pequeño David, así te dice el Señor, todo lo recuperarás, todo te será devuelto y te llevaré a lugares de eminencia. Todo, todo lo que has perdido, lo recuperarás".

Quiero decirte que tal y como Dios habló en aquella jornada de eventos y predicaciones, a donde llegué por fe y un milagro, todo se cumplió. Era mi hora; había llegado el momento de ver la mano de Dios sobre mi vida. Empezaría a recoger espigas, aunque nadie creyera en mi propósito, aunque nadie entendiera nada.

Un nuevo tiempo

Enfócate. No permitas que te roben tu fe. Estás a punto de entrar en un nuevo tiempo. No serás la primera ni la última en vivir escasez, rompimiento matrimonial o de noviazgo, vivir en soledad, perder cosas materiales, pero Dios está disponible para los que tienen disposición.

> "Y Rut la moabita dijo a Noemí: Te ruego que me dejes ir al campo, y recogeré espigas en pos de aquel a cuyos ojos hallare gracia. Y ella le respondió: Ve, hija mía" (Rut 2:2).

Quiero cerrar este capítulo diciéndote que vayas, hija mía, que camines, porque hallarás una palabra que te sostendrá. Hallarás la gracia suficiente para ser sostenida en el lugar donde otros esperan tu ruina. Ten por seguro que serán sorprendidos, porque apenas es el inicio de una nueva cebada y de que todo asunto en tu vida se resuelva hoy. Afirmo esta palabra sobre ti. Es una afirmación espiritual que fue establecida sobre la vida de Rut y sobre mi vida en momentos donde todos colocan el final erróneo a nuestras historias.

"Entonces Noemí dijo: Espérate, hija mía, hasta que sepas cómo se resuelve el asunto; porque aquel hombre no descansará hasta que concluya el asunto hoy" (Rut 3:18).

Es hoy, es hoy, yo lo creo. Este es tu tiempo. Hay una nueva cebada, hay un cambio de temporada lleno de nuevas fuerzas, gozo y paz para ti. **#MujerReal**

Capítulo 9

TALITA CUMI: ME QUEDÉ
FUERA DEL CUARTO

Y entrando, les dijo: ¿Por qué alborotáis y lloráis? La niña no está
muerta, sino duerme. Y se burlaban de él. Mas él, echando fuera a
todos, tomó al padre y a la madre de la niña, y a los que estaban con
él, y entró donde estaba la niña. Y tomando la mano de la niña, le
dijo: Talita cumi; que traducido es: Niña, a ti te digo, levántate.
(Marcos 5:39–41)

CADA CAPÍTULO DE este libro está basado en lo que creo, sin duda alguna, que es la verdad absoluta. Esa verdad es la Palabra de Dios. Esa Palabra tiene el poder para transformar, cambiar, sanar, libertar, llevarnos entender que cada hombre y mujer, cuya vida está plasmada en la Biblia, fueron tan reales como cualquiera de nosotros, pero en cada una de sus realidades y sus situaciones, Dios manifestó su poder.

Este capítulo creo que es uno de los más fuertes, porque *Talita cumi* para mí es más que una expresión que usó Jesús para resucitar a esta niña, cuyos padres afligidos fueron a Jesús con la esperanza de vida. Esta expresión fue una de las que más viví y repetí durante la enfermedad de mi amada madre, Isaura, quien ya descansa en los brazos del Eterno. Aquella mujer de ayuno, oración, de rostro hermoso y caminar elegante. Aquella mujer que no era perfecta, pero que junto a mi padre formó en mí una mujer apasionada por Dios. A esa mujer le tocaría enfrentar el momento más difícil de su vida al ser diagnosticada con una enfermedad mortal. Sus días a punto de extinguirse eran mi mayor tormento y decepción ante la eminente realidad de perder a quien consideraba no solo mi madre, sino mi mejor amiga.

Luego de vivir tantos procesos, Dios fue posicionándome en lugares claves del gobierno. Trabajé en muchas dependencias como la Oficina de Prensa de la Cámara de Representantes, hasta que llegué al Municipio de San Juan como directora de la Oficina de Enlace Social y Asuntos Religiosos de la ciudad capital. Allí tuve el privilegio de trabajar mano a mano con el alcalde y todo su equipo de trabajo. Dios había ido alineando cada cosa, pero aún faltaba más. En medio de cada proceso, Dios fue ubicándome donde Él entendía que necesitaba estar y donde a su vez formaría carácter en mí para las asignaciones espirituales que hoy tengo.

Fue en aquel entonces, en medio de mi primera campaña política, como resultado de la obra social que había realizado en las comunidades, que mi madre comienza a dar síntomas de que algo no estaba bien en su salud. No sé si has vivido esto, pero hay momentos y temporadas en la vida de una que se piensa que *como que ya lo he vivido todo, ¿habrá algo más que pueda venir?* Ciertamente pienso que la muerte no está en la lista de espera de ninguno de nosotros. Hablar de la muerte es algo que no se hace, ni aun en las iglesias. Vivimos enseñados de que seremos eternos, cuando en realidad todos tenemos un día en el cual seremos llamados ante la presencia del Padre. Tenemos miedo de hablar de ese tema, nos da pánico pensarlo solamente, yo sentía que había vivido demasiado en poco tiempo, y que era muy pronto como para que la muerte tocara a la puerta de mi familia.

Mami, Isaura Martínez, siempre había estado conmigo animándome en cada decisión clave e importante en mi vida, en cada valle, en cada reto; siempre estaba lanzando sobre mí una palabra profética. Era una mujer como muy pocas, una guerrera de oración. Aún me retumba su voz cuando oraba en las madrugadas y era muy adolescente. Ella solía caminar por la casa adorando e intercediendo. Era una mujer a la que Dios le mostraba los asuntos; era amada, respetada. No tendría palabras para describir quién era Isaura. Ella era más que mi amada madre, era mi todo, mi consejera. Nuestros lazos de amor eran muy fuertes, tanto así que llegué a ser una dependiente en muchas áreas, pues necesitaba mucho de su persona. Al llegar el momento de su enfermedad, eso sería para mí un golpe devastador. Sí, otro golpe más que me sacudiría en mis propias entrañas y que jamás hubiese querido que llegara a mi vida.

Tenía planes, apenas habíamos caminado por un desierto muy grande, tenía sueños para que juntas pudiéramos realizarlos. Pero eso nunca llegó. Por eso aprendí que vivo cada día como si fuera el último. No tengo que esperar momentos especiales para celebrar, estos se crean, porque puede ser que no exista un mañana. Veo tanto afán de la gente por guardar bienes materiales, mujeres que son incapaces de disfrutar ir a la peluquería, comprarse un vestido, reírse mirando el sol al atardecer, sentarse a leer un buen libro, estrenarse todo lo que les han regalado, porque no saben que todo puede terminar cuando menos se lo esperen.

Desde niña escuchaba algunos cánticos que hablaban de "calles de oro y mar de cristal". Pero siempre que los oía, yo me decía: *Qué pena tener que esperar llegar allá para disfrutar*. Te mencioné antes que no soy religiosa, y creo que este momento que viví ante la pérdida de mi madre me llevó a desprenderme de todo lo material para entender que es aquí, en la tierra de los vivientes, donde también tienes derecho a ser feliz y a disfrutar la vida.

"Hubiera yo desmayado, si no creyese que veré la bondad de
Jehová en la tierra de los vivientes" (Salmo 27:13).

Es aquí donde Dios te va a dar tiempo para vivir su bondad y disfrutar de las cosas más sencillas que no cuestan, pero tienen gran valor espiritual porque es lo único que te podrás llevar. *Talita cumi* fue la oración que hice una y otra vez por mi mamá: "Resucita, levántate, no me dejes". Ella era esa niña que estaba en el cuarto y necesitaba que el Maestro la levantara. Lo que yo no sabía era que la niña que necesitaba ser resucitada no era ella, sino yo. Era yo, porque yo misma me había limitado, me había enterrado, y había llegado la hora de despertar aquella joven llena de potencial, pero dependiente de otros. Mi relación con mi mamá fue tan profunda que desarrollé fuertes dependencias emocionales de ella. La necesitaba para muchas de las decisiones que tomaba en mi vida.

Sin embargo, había caído en el extremo, como los colores para pintar mi casa, cómo colocar los cuadros decorativos de mi hogar, por mencionar algunos. Ella me ayudaba a escogerlos. Siempre tuvimos una comunión muy íntima, secretos, sueños, todo lo sabíamos la una de la otra. Cómo olvidar sus detalles, sus cuidados; jamás podré olvidarlos. Por eso dedico este libro a su memoria, porque ella siempre albergó en su corazón el deseo de escribir y contar sus vivencias para bendecir a otras mujeres. No obstante, ella no tuvo ese privilegio, así como David, sino que, a esta humilde servidora, Dios le permitió cumplir, como Salomón, parte de ese sueño y esa visión que tanto atesoró en su alma.

Cuando fui a tomar la decisión para correr para el escaño de senadora, fui donde ella y me senté, dialogué, hablamos tanto, le dije: "Mami, tengo está oportunidad, estoy orando. Dios siempre me habla de Ester, de que me llevará al palacio. Desde niña, hasta tú misma me vestías de Ester, y ahora me ofrecen entrar a correr una campaña. Tengo temor, no sé qué hacer". Su voz suave y delicada llena de autoridad del Padre, aunque ya para aquel tiempo algo agotada por todos los procesos difíciles que había experimentado como mujer, me dijo: "No tengas miedo, Kimmey. Dios te llamó para cosas grandes. El Señor dijo que tu nombre estaría en los libros de la historia de Puerto Rico. Camina, solo recuerda que al final del día prevalecerá el llamado que Dios te ha dado para predicar a las naciones. Eso solo será un paso y cumplimiento de la palabra que Dios habló.

Recuerdo el silencio cuando ambas estábamos sentadas en aquel comedor en su apartamento, y cómo me abrazó y oró por mí, como solo ella sabía hacerlo, afirmándome que todo estaría bien. Entré en el proceso político que no fue nada fácil; fue duro e intenso. Era una chica cristiana que no estaba acostumbrada a esos ambientes, pero allí estaba nuevamente dando pasos de fe. No había sido enseñada, ni criada para ser una cobarde. Mis padres me habían dado la suficiente dosis como para caminar donde fuera, confiando que Dios siempre estaría conmigo.

Empezó la campaña. Recuerdo que ella me pidió si podía participar en una caminata como parte de mi avanzada. Aún la recuerdo, delgada, caminando con la promoción de su hija en la mano, pidiéndole a la gente que me diera una oportunidad para llegar al Senado. Ella no tenía miedo, estaba llena de orgullo y alegría de ver que yo era una mujer valiente.

Diagnóstico devastador

Fue en esa temporada cuando, de momento, empezamos a notar que una masa empezaba a crecer en su cuello. Era algo que no era normal. Pasaban los días y veía que esa masa seguía creciendo, nos preocupamos, pero nadie dio con lo que tenía. Vio varios médicos hasta que uno de ellos dio con el fatal diagnóstico de un cáncer tipo anaplásico y que solo le quedaría muy poco tiempo de vida.

Hay momentos donde te sientes en una encrucijada. Cuando finalmente crees que todo está cayendo en tiempo y orden, vuelves a ser sacudido y le haces a Dios tantas preguntas. Las mujeres reales le preguntamos a Dios, y Él es tan fiel que siempre tendrá una respuesta a su tiempo. Son estos momentos donde se detiene el mundo y no sabes si gritar, salir corriendo o finalmente lanzarte a los pies del Maestro, a gritar como gritaba yo de manera desesperada: *"Talita cumi*, levántate, vamos, haz algo". Nuevamente Dios estaría tratando conmigo un área de mi vida que era clave. Dios estaría probando mi fe y mi fidelidad. A la misma vez, empezaría a romper toda dependencia emocional. Ahora tendría que depender de Él y solo de Él una vez más.

La tarde que, frente al doctor, mi hermana y yo recibimos el diagnóstico de mami, ella estaba afuera en la sala del consultorio. No sabía lo que nos estaba diciendo. El médico nos dijo: "A ella le quedan seis meses de vida, como mucho, y morirá. Yo no la voy a tocar". Ese es el momento cuando todo se te derrumba. Mi mundo se vino abajo, no podía articular, solo miraba al doctor y no podía articular palabra.

Solo pensaba: *¿Cómo le decimos esto a nuestra madre? ¿Cómo le decimos que se va a morir en seis meses?* ¿Cómo enfrentamos la muerte? Muchos no quieren hablar de esto, pero todos estamos destinados a partir de este mundo algún día.

Lágrimas corrían por mi rostro, estaba literalmente congelada, no podía articular, ni moverme tan siquiera. Es un lapso de tiempo del cual uno no tiene control en realidad, porque pareciera que te caen mil años encima. Al reaccionar, lo único que mi hermana pudo decirle e inmediatamente yo repetí, fue: "Doctor, nosotras vamos a buscar otras opiniones, pero creemos que la última palabra la tiene el Señor; la última palabra no la tiene la ciencia, la tiene el Señor".

Esas palabras, quiero que sepas, no cambiaron el pronóstico del médico. El diagnóstico siguió siendo el mismo y nuestra fe también la misma, aunque estremecida y derrumbada.

No te puedo decir que estaba flotando, ni diciendo que no era cierto lo que me estaban diciendo. Solo estaba allí en medio de una nueva tormenta que solo Dios podría intervenir.

Hay algo importante que tienes que entender. La fe no niega tu realidad. La fe hace que tú puedas caminar por encima de tu adversidad. La fe te ayudará a enfrentarte con la certeza de que, aun de lo malo, Dios sacará algo bueno a tu favor.

No sabíamos cómo darle aquella noticia nefasta a mi mamá. Pero nosotras estábamos desgastadas, destruidas en alma y corazón. Esa tarde, como en estado de *shock*, caminé a un centro comercial que quedaba cerca del lugar y me senté en una banca por horas a llorar. Le decía a mi esposo: "Déjame aquí en lo que mi mente coordina qué voy a hacer ahora". *Cómo le voy a decir esto a mi mamá, esto no puede estar pasando*, era lo primero que pasaba por mi mente.

Por primera vez en mi vida a pesar de todos los valles que habíamos vivido, estaba frente a lo que anuncia muerte en vez de vida. Mi esposo me llevó a la casa y allí me lancé al piso de mi sala en un área que tengo para orar. Gritaba desesperadamente; de mi ser solo salían gritos desgarradores. Jamás había sentido tanto dolor dentro de mí. Era tan fuerte que mi esposo se tiró encima de mí para levantarme del piso. Este pasaje bíblico cobró significado en mi vida y testimonio, porque yo solo quería que alguien entrara al cuarto y le hablara a la niña, y le dijera: "Levántate".

Probablemente has estado ahí antes. Es en esos momentos donde quieres pensar que todo es una pesadilla y que nada de eso está ocurriendo. Pero es también en esos momentos donde Jesús está a punto de entrar al cuarto donde hay muerte para declarar vida. Apenas Dios comenzaba a trabajar conmigo, pues mi dolor era inmenso; él lo sabía, ahora conocería al Consolador. Aunque te confieso que no había consuelo humano para mí, no podía controlar mis emociones. En ese momento pensé en quitarme de toda campaña política, dejarlo todo y salir corriendo. Mi mundo se detuvo. No entendí el porqué de esa enfermedad sobre el cuerpo de una mujer que para mí fue santa, vegetariana, nunca había fumado, nunca había ingerido bebidas alcohólicas, sencillamente una mujer que había vivido para Dios todos sus días. Pero allí estaba frente a la muerte que aceleraba su paso para llevarse a uno de mis grandes tesoros y quien me había llenado de tanto amor junto a mi padre todos mis días.

Tuvimos que decirle a mi mamá. Ella era una mujer tan entregada a Dios que cuando nos sentamos en la misma mesa, donde me había orado y aconsejado tantas veces, para darle la noticia, no nos dejó apenas hablar. Rápidamente nos miró, y nos dijo: "¿Qué, les dijo el médico que me voy a morir? Pues quiero que sepan algo, que la última palabra no la tienen ellos, la tiene Dios sobre mi vida". Era aquella mujer que había inspirado mis días quien ahora, frente a la muerte, se estaba parando firme para recordarnos que solo Dios decidía sobre ella.

Ya Dios en medio de todo ese panorama empezaba a trabajar en mí. No había día que no llorara, pero a la vez sabía que Dios estaba en medio de la habitación. Mi mamá estaba lista para encontrarse con su Padre celestial. Apenas comenzaba el tramo del dolor y del quebranto, pero ella estaba lista, porque si alguien estaba convencido de que su vida era propiedad de Dios, era ella. Fueron días largos de correr a muchos médicos, buscar opiniones, pero también de recibir una inyección de fe por parte de alguien cuyo pronóstico era de muerte. No pasaba un día que mi madre no me dijera: "Sigue adelante, no vas a dejar la campaña política, tú vas a salir al otro lado". Y cómo no caminar, aunque llena del más profundo dolor, si quien me estaba diciendo que siguiera era la misma que la ciencia había desahuciado, pero no se rendía ante la expectativa de un soplo, en espera de un *Talita cumi*. Su espíritu estaba alineado al propósito del Padre. Recuerdo que semanas antes de mi madre recibir el diagnóstico devastador de cáncer, el Espíritu Santo le dio esta palabra y ella la repetía. Era que ya el Padre la estaba preparando:

> "No tendrá temor de malas noticias; su corazón está firme,
> confiado en Jehová" (Salmo 112:7).

Pasaron los días, semanas, meses, y mi mamá fue sometida a una cirugía terrible. Casi fue degollada. Hubo que sacarle su laringe, toda esa área donde ella articulaba su voz. Eso significaría que más nunca escucharíamos la dulce voz de mi mamá Isaura. Era la cirugía que podía salvar su vida y permitirle vivir un tiempo más. Cuando le explicaron lo que significaba aquella operación y cómo quedaría, sin voz, con una traqueotomía, jamás podré olvidar lo que le dijo al médico: "Si esto me da más tiempo para estar con mis hijas, no importa cuán sacrificado sea, yo me someto". Cuán grande amor, capaz de actuar, capaz de no dejar vencer su fe. Aquel ejemplo de gallardía no me daba oportunidad a mí para presentar ninguna excusa ante ningún proyecto de vida, y mucho menos un no ante una asignación divina encomendaba por el Padre para mí, por más difícil que esta pudiera parecer. Estaba viendo a mi madre caminando en absoluta fe.

Recuerdo una madrugada que la llevaba al hospital. Iba conduciendo mientras miraba por el retrovisor a ella con mi hermana en el asiento trasero, y sin que ella me viera, lágrimas corrían por mi rostro. ¡Cuánto deseaba ver al Maestro cambiar aquel pronóstico! Pero hay situaciones que no van a ser cambiadas, porque quien tiene que resucitar, quien tiene que cambiar eres tú; en mi caso, era yo. Con quien Dios estaba tratando una vez más era conmigo. Una vez más el maestro estaba diciendo: "La niña que necesita ser resucitaba, la niña que necesita ser activada, levantada, eres tú". No sé por lo que puedas estar enfrentando, pero si es aun la misma muerte, el Maestro nunca se ha ido de la habitación. Él tan solo espera, observa. Él mismo es la vida y está presto a resucitar todo lo que está inerte y dormido dentro de ti.

Esa madrugada mientras conducía, empecé a escuchar una alabanza en los labios de mi mamá. Ella estaba entonando un himno de camino a aquella sala de operaciones. Cantaba: "Yo le alabo de corazón, yo le alabo con mi voz; y si me falta la voz, yo le alabo con las manos, y si me faltan las manos, yo le alabo con los pies, y si me faltan los pies, yo le alabo con el alma, y si me faltara el alma es porque me fui con Él" (autor desconocido). Jamás podré olvidar ese canto, esta mujer me estaba ministrando. Mi amada y hermosa madre estaba diciéndome, por medio de su alabanza, no importa lo que pase, yo le voy adorar. No habido prédica más importante en mi vida que esa. Los sermones son buenos, pero los ejemplos te marcan para el resto de tus días.

Allí en aquella habitación, el Maestro trabajaba conmigo, con mis dependencias emocionales que se vendrían abajo, y aunque esto suene fuerte, empezaría a ser libre para caminar sin tener que estar agarrada de nadie. Su amor era vital para mí, pero sentía que si ella no estaba no podría hacer más nada con mi vida. Nada más lejos de la verdad. Dios solo necesita nuestra disposición y que dependamos de Él y de nadie más que Él.

Mami recibió sus terapias y cada vez los médicos decían que llegaba el mes de su muerte. Dios le extendía la vida; fue un trato especial de ella con el Señor. En medio de todo ese proceso de campaña política en el cual estuve sumergida por espacio de dos años, Dios le iba extendiendo los días. Ya ella no podía hablar, pero escribía y siempre me decía: "No te rindas, Dios te va a llevar a lugares altos". Y así fue.

Dios le dio a mami casi tres años de vida por encima de lo que la ciencia dijo. De hecho, pudo estar el día que juramenté como senadora en enero del 2009. Verla allí sentada fue un gran triunfo, pues su amor y su fe la llevaron a ver el cumplimiento de una palabra profética sobre mi vida. Lamentablemente el cáncer volvió a aparecer en otra área de su cuerpo, y esta vez fue fatal. Pero mami estaba lista para encontrarse con el Señor. Con quien Dios estaba tratando era conmigo; me estaba enseñando a valorar la vida, a dejar a un lado las cosas que no tenían importancia, a entender la brevedad de los tiempos, a amar como si fuera el último día, a soltar todo aferramiento. Sencillamente Dios me estaba haciendo una mujer fuerte.

Ungir en obediencia a Dios

Cuando ya laboraba como senadora, un jueves mientras oraba, el Señor me pidió que hiciera el acto más fuerte de mi vida. Mami no estaba bien, ya la situación de salud empezaba a complicarse. Ella era fuerte, pero no estaba ingiriendo alimentos. Fue entonces, donde el Espíritu me inquietó y me decía fuertemente: "Busca aceite y unge a tu madre para la sepultura". Créeme que esa es la oración que nadie quiere hacer. Esa es la entrega que nadie quiere ejecutar. Con mi corazón destrozado, obedecí al Señor. Llegué donde mi madre. Ella estaba sentada en la cama, aun consciente. Cuando entré a la habitación, le dije: "Mami, he venido para ungirte", y ella asintió con su cabeza como si estuviera esperando ese momento.

Quiero que sepas que esta ha sido la oración más dura y más difícil de mi vida. Sé que, al igual que yo, probablemente muchas de ustedes han vivido momentos como este. Mi corazón se negaba, pero mi espíritu estaba presto para hacer la voluntad de mi Padre. Con aquella oración, no solo la ungía para la sepultura, sino entregaba todas mis ataduras emocionales a su figura. Allí empezaba a morir una mujer, pero estaba a punto de resucitar una niña que había estado dormida, dormida en sus sueños, en su autoridad, en sus emociones. El *Talita cumi* no era para mi madre, era para mí.

Derramé el aceite sobre ella. No sé decirte cuántas horas oré, pero fueron muchas horas orando sobre ella en lenguas. Ella estaba esperando esa oración, y ese día el Maestro estaba en la habitación cambiando muerte por vida, resucitando a la niña que había estado dormida dentro de mí. Oré hasta que mi madre entró en un reposo profundo; la presencia de Dios estaba allí. Mi oración fue una dura, pero entendí que su hora ya había llegado, aunque mi alma estaba hecha pedazos.

Regresé a mi trabajo como funcionaria pública al inicio de esa semana. Se me requería por un proyecto de ley especial que necesitaba mi firma, pero yo no quería irme porque sabía en mi espíritu que la hora de su partida había llegado. Dios me sacó del cuarto, y el tiempo que salí para resolver asuntos gubernamentales fue el tiempo donde mi madre partió.

Mi esposo me decía: "Ve en paz, ella va estar viva aun cuando regreses", pero yo sabía que no sería así. Hay momentos donde cumplirás tu asignación, y Dios te sacará del cuarto para Él ejecutar el *Talita cumi* a su manera. Ese martes en la mañana, al sonar el celular y ver registrado el número de mi esposo, no quería contestar. Sabía que esa llamada era la que tanto temía. Y así fue. No estaba en el cuarto en el momento que los ángeles vinieron a buscar a mi mamá, porque sé que ella fue escoltada por ángeles a la presencia del Señor. No estaba en el cuarto, porque hay momentos que Dios te va a sacar del cuarto para Él ejecutar lo que tiene que hacer. Jesús vació el cuarto donde estaba la niña para Él manifestarse. Esta manifestación no sería de resurrección en el caso de mi mamá, pero sí lo era para mí, porque donde había muerte estaba resucitando en mí una mujer fuerte, lista para enfrentar lo que fuera.

Mi mamá murió tranquila, en paz, como ella le había pedido al Señor, en los brazos de mi amado esposo. Créeme que cuando llegué a la funeraria, la habían colocado en un salón donde parecía que estaba dormida. Al abrir la puerta y verla, comencé a gritar: "Mami, te prometí cuidarte y todo lo que me pediste lo cumplí". Fueron momentos de ver su cuerpo tendido sobre aquella camilla, verla, tocarla por última vez y decirle adiós a uno de mis más grandes amores, a la mujer que creyó siempre en mí. Su rostro se veía hermoso, no había mueca de dolor, ella estaba en paz, estaba viendo por última vez a la mujer que no tuvo miedo ni aun a la muerte, porque ella sabía a quién le servía.

En aquel cuarto frío pude entender que solo me quedaba caminar sin miedo, avanzando hacia todo lo que Dios me había hablado. Jamás olvidaré ese momento porque, aunque estaba enfrentando la muerte, había un *Talita cumi* que se estaba soltando sobre mi vida. De ahora en adelante, ya no habría más dependencias; de ahora en adelante, la niña que estaba dormida dentro de mí tenía órdenes del Maestro de despertar. Tuve que ministrar en el culto más duro y más difícil que haya tenido que predicar frente al féretro de mi madre. Fue allí donde finalmente sabía que, por encima de mi dolor, de la separación, Dios estaba en control y realmente mi fe estaba puesta en Él y solo en Él.

No te afanes por nada ni por nadie; no te aferres a nada material; aprende a soltar todo en las manos del Padre, porque Él es dueño de todas las cosas. Mujer real, no estamos exentas de las pérdidas, del dolor, de que en momentos determinados nos saquen del cuarto, pero es tan solo para provocar que algo despierte dentro de nosotras. Esta experiencia de dolor y de separación fue para mí la más clara comprensión de que la vida es nada, todo se acaba y solo Dios puede hacer feliz al hombre, como dice el cántico.

Extraño a mi mamá, siempre la extrañaré, pero también sé que con su muerte vino una resurrección, vino un despertar a mi vida. Nunca el diablo tendrá ventaja sobre la vida de los hijos del Altísimo. Hoy declaro que todo lo que ha estado dormido dentro de ti despierte. Declaro que todo lo que ha estado amarrado al hacer o el decir de otro se libere para que puedas caminar en absoluta confianza. Declaro que todo dolor sea cambiado en nuevas fuerzas sobre tu vida por el poder de la Palabra de Dios. **#MujerReal**

Capítulo 10

TRANSFUNDIDA POR LA
SANGRE DEL CORDERO

*Pero una mujer que desde hacía doce años padecía de flujo de sangre, y
había sufrido mucho de muchos médicos, y gastado todo lo que tenía, y
nada había aprovechado, antes le iba peor, cuando oyó hablar de Jesús,
vino por detrás entre la multitud, y tocó su manto. Porque decía: Si
tocare tan solamente su manto, seré salva. Y en seguida la fuente de
su sangre se secó; y sintió en el cuerpo que estaba sana de aquel azote.*
(Marcos 5:25–29)

ESTE ES UN tiempo donde la gente desiste de sus planes, sueños,
asignaciones, lugares de trabajos, relaciones matrimoniales con
mucha facilidad. Al primer ataque que surge contra su vida, casa,
matrimonio, economía, cualquier situación o adversidad, muchos
optan por lo más fácil: soltarlo todo y salir corriendo, dejando todo
atrás, perdiendo la fe y peor aún, desarrollando incredulidad. Vivimos un tiempo donde la falta de fe arropa la gente. Me encuentro con
tantas mujeres agotadas, muchas con todas las razones del mundo
para sentirse así, pero tomando la bandera de la derrota y dando todo
por perdido.

Creo que es tiempo de levantarte e intentarlo una vez más. Tal vez
puedas sentirte débil, agotada, pero inténtalo una vez más, porque en
ese "una vez más" puede ocurrir un milagro. Todos los grandes empre-
sarios y hombres en la historia que lograron ser exitosos, sus primeros
pasos fueron de fracaso y desaliento, pero decidieron intentarlo una
vez más. Mi esposo siempre me decía en tiempos de desaliento por

causa del cansancio y de tantas personas negativas que me encontraba en mi camino: "Inténtalo, con intentarlo no pierdes nada".

Es hora de retomar el aliento y entender que puedes estar a un paso del milagro que enmudecerá a los que piensan que nunca vas a tocar el borde del Maestro. Lo peor que puedes hacer es rendirte. Existe demasiado desaliento en este tiempo, aun en la misma iglesia. A veces veo cómo se alimenta el espíritu de cansancio. Se lleva a la gente a pensar que si estás en esa condición fue porque Dios lo quiso así, y nada más lejos de la verdad. El plan del Padre es que vivas en victoria, que estés bien. Él solo busca gente atrevida, valiente que den un paso al frente, aunque no tengan fuerzas. Dios no necesita superhéroes o superheroínas. Él necesita a alguien que pueda caminar, aunque no tenga fuerzas; alguien que se impulse, aunque sea arrastrándose, pero que llegue a su presencia.

> "Acerquémonos, pues, confiadamente al trono de la gracia, para alcanzar misericordia y hallar gracia para el oportuno socorro" (Hebreos 4:16).

No hay una mujer más real que la mujer del flujo de sangre. El relato bíblico no nos da su nombre, solo nos habla de su condición y su situación tan desesperante. Esta es una mujer valiente que, a pesar de estar desahuciada, su fe aún estaba presente. Esta enfermedad no solo la tenía desgastada físicamente, sino también emocionalmente. Esta mujer, por su condición, era menospreciada por la sociedad de su tiempo. Era inmunda según los religiosos de la época, así que imagínate cómo estaba ella de golpeada y acongojada. A algunos religiosos les encantan menospreciar sin conocer tu proceso y tu dolor, pero la religión no salva a nadie; solo un toque y una verdadera relación con el Maestro, Jesús de Nazaret.

Te aseguro que ella era el tema de muchos, no para necesariamente desearle recuperación y sanidad, sino para ver cuándo finalmente se moriría. Hay un detalle: la Palabra dice que ella llevaba doce años con esta lucha.

"Pero una mujer que desde hacía doce años padecía de flujo de sangre, y había sufrido mucho de muchos médicos, y gastado todo lo que tenía, y nada había aprovechado, antes le iba peor" (Marcos 5:25–26).

Ella estaba enferma, pero también en quiebra económica, porque había gastado todo; no tenía plata, no tenía dinero, así que más difícil era todo. Llevaba doce años con esta condición, así que el compás de espera era, como dicen algunos, la espera que desespera. Solo era saber cuándo la muerte vendría a buscarla y llegaría hasta su puerta.

Pero ella no se sentó a esperar la muerte, ella decidió moverse, hacer un último intento para ser transfundida con la sangre que da vida y sanidad, la sangre del Cordero. Puedo hablarte de esta historia porque literalmente un día viví y me sentí como la mujer del flujo de sangre. Así estuve por algún tiempo en mi vida. Tal vez dirás: "¿Y cómo usted se atreve a hablar de eso?". Pues sí me atrevo, pues mi intención es que recibas sanidad mientras lees, y te des cuenta y puedas recibir en tu corazón, que ninguna enfermedad, ni maldición debe ser una razón como para sentirte avergonzada y no buscar el toque sin igual y perfecto del Maestro; ese toque suave, sobrenatural que trae vida, un respiro de aliento donde hay pronosticada muerte.

Ninguna razón debe hacerte bajar la cabeza ante las circunstancias de la vida. Nadie es perfecto y mucho menos inquebrantable. Mujer, levanta tu cabeza, porque el que está a punto de tocarte, no solo te sanará, sino que también te reivindicará frente a tus burladores, frente a los insensibles que te dieron la espalda. El toque de Jesús te devuelve tu dignidad, te devuelve tu lugar en la sociedad y le hace saber a otros que nadie tiene el poder para determinar tu final, ni el de nadie.

Voy a compartir esta vivencia para que sepas que todas somos reales. Yo experimenté la vida de Cristo sobre mi cuerpo, mis emociones y su sanidad sobre mi vida, quebrantando toda maldición lanzada contra mí. Yo estoy convencida de eso, y por eso hoy no solo escribo estas palabras, sino que las vivo y camino con la más profunda convicción en mi espíritu de que nada debo temer, porque Él me tocó.

Quiero que sepas y tengas claro, que Cristo ya venció. Él venció en la cruz del Calvario toda enfermedad, toda maldición y está listo para darte vida.

> "Ciertamente llevó él nuestras enfermedades, y sufrió nuestros dolores; y nosotros le tuvimos por azotado, por herido de Dios y abatido. Mas él herido fue por nuestras rebeliones, molido por nuestros pecados; el castigo de nuestra paz fue sobre él, y por su llaga fuimos nosotros curados" (Isaías 53:4–5).

Tienes que estar lista para recibir tu sanidad en todas las áreas que tú sabes que la necesitas. No tienes por qué sentirte avergonzada, solo tienes que sentirte capaz de alcanzar el toque del Maestro. En su toque definitivamente hay sanidad física, emocional, en todas las áreas de tu ser.

Mientras estaba en plena campaña política para el escaño senatorial en mi país y mi madre muy enferma, azotada por un cáncer que nos sorprendió a todos, yo quedé embarazada. Llevaba muchos años deseando tener un hijo. Como toda mujer que anhela la llegada del fruto de su amor, esperaba ese momento, pero no se lograba. La realidad era que estaba sumergida en muchas batallas; entrar al campo político no fue fácil para mí, mi corazón era muy sano y venía de otra escuela y, aunque me había destacado en diversas áreas laborales incluso de gobierno, nunca antes había estado sumergida en una campaña de esa índole. Las campañas políticas en Puerto Rico son muy duras, agresivas y sucias, esa es la realidad. Yo estuve ahí y lo viví, y también sobreviví. Ahora sé que, en aquel momento, cuando entré al ruedo político en las primarias, Dios no me mostró más cosas, porque si me las llega a mostrar nunca habría dado el paso de entrar a ese ruedo. Pero pude entender que era necesario, pues era una palabra que Dios también había hablado sobre mí, y estaba segura que iba a cumplir una asignación divina, aunque muchos no la entendieran y me juzgaran mal.

Allí iba a romper con muchos paradigmas religiosos, aun dentro de ese ambiente, donde se menospreciaba a los cristianos y ministros practicantes. Créeme que para entrar en ese ambiente se necesita estar convertido a Dios de verdad, si quieres ser fiel a su propósito. Tienes que tener convicciones y la fuerza para defender las mismas, aun cuando te cueste la persecución de los propios miembros de tu colectividad. Es necesario tener posturas claras y principios inviolables, pero más aún estar dispuesto a pagar un precio muy alto. Creo que, en aquel tiempo, desconocía cuán fuerte sería pisar terrenos tan oscuros en el ámbito espiritual.

Ciertamente nunca pasó por mi mente cuánto sería el precio que tendría que pagar, las pérdidas, las calumnias, las maquinaciones que tendría que enfrentar día a día. Sin duda alguna, fue una escuela intensa de formación de carácter, donde tendría que aprender a enfrentarme a todo confiando únicamente en Dios, mi esposo y mi familia. En ese panorama lleno de tensiones, ansiedades naturales de ese proceso, mami enferma, quedé embarazada. No me percaté hasta después de un tiempo.

Había regresado de cuidar a mi mamá en los Estados Unidos, y venía directo para unas actividades públicas como parte de la campaña política. Unas amigas me invitaron a almorzar y jamás olvido que la comida me apestaba. La pedí para llevar, porque me pareció que no me sentía bien en ese momento. Al salir del lugar me seguía oliendo mal, así que decidí botarla. Fui a las actividades, pero no me sentía bien. En las campañas y caminatas políticas en Puerto Rico que son por horas y horas caminando de casa en casa, solía sufrir de muchas infecciones urinarias, por lo que pensé que eran los mismos síntomas.

Recuerdo que una tarde estaba reunida con el entonces alcalde de San Juan para delinear ciertos asuntos de trabajo, cuando mis síntomas empezaron a empeorar. Él mismo se percató y llamó a mi esposo para que me llevara a un hospital. Lo más cómico es que traté de diagnosticarme yo misma, y le digo al médico que me atendió en la sala de emergencia: "Yo tengo una infección de orina y una tensión por todo lo que estoy viviendo, estoy bajo presión". El médico se fue y al volver, se acercó a mi camilla y me dijo: "Usted no tiene ninguna infección; usted está embarazada".

El mundo me dio vueltas, lloré, me emocioné, pero al mismo tiempo, no tenía idea de cómo iba a manejar aquel nuevo escenario, tan anhelado, que se me presentaba. Mi esposo me llevó inmediatamente a mi doctora de toda la vida, y en su consultorio me desplomé con vómitos, porque me dio una "mala barriga" terrible. Cuando la doctora vio que los síntomas eran tan fuertes y cuán nerviosa yo estaba, llamó a mi esposo y le dijo: "Solo un milagro de Dios salva a esa criatura. Si no es así, de aquí a unos dos días vendrá una pérdida natural, porque ella está muy ansiosa".

Yo nunca me había percatado que estaba encinta, mi mente estaba en tantos asuntos, problemas, así que no estaba pendiente a mi cuerpo. Eso hizo que me sintiera culpable por todo aquello que estaba viviendo. Una vida estaba formándose dentro de mí, dependía de mí, pero no podía controlar mi cuerpo. Primero, la enfermedad de mi madre, que era para muerte según la ciencia, y ahora tenía un bebé y estaba a punto de perderlo. Un bebé era para mi esposo y para mí nuestro más grande deseo. Habíamos esperado ese momento por años. Tenía vida latiendo dentro de mí, pero ahora estaba a punto de perderlo.

Mi esposo estaba desesperado, solo empezó a orar mientras mis síntomas empeoraban.

Recuerdo a mi esposo orar, y decir: "Señor, tú estás en control de todo, aunque no lo entendamos". Las presiones eran cada vez más intensas. Teníamos pocos recursos económicos contrario a lo que mucha gente pensaba. Estábamos haciendo una campaña literalmente por fe, creyendo una palabra que Dios nos había dado, una palabra específica, donde Él aseguraba que nos daría la victoria. Hoy agradezco a los valientes que caminaron conmigo, entregando de su tiempo, alma y corazón, humildes, pero llenos de pasión.

Nueva pérdida

Yo tenía un huracán de emociones dentro de mí, solo me restaba esperar. Guardé en silencio todo ese proceso, pues estaba en plena campaña política y no queríamos que nadie supiera de la situación. Solo orábamos, pero tristemente no pasaron dos días cuando ocurrió lo que tanto temíamos: el bebé fue expulsado de manera natural. Fue algo espantoso. Vi mi bebé ya formado, pero no podía hacer nada para devolverle la vida. Gritaba y lloraba; no entendía el porqué de todo aquello.

Cada proceso en tu vida traerá fuerza, te hará más fuerte ante la adversidad y te hará sensible para entender las pérdidas de otros. Pasé todo ese proceso en mi hogar, con la ayuda de mi esposo. El dolor nos embargaba a los dos, estábamos viviendo un luto, acabábamos de perder un hijo, era otra perdida más. Agradezco a una amiga que estuvo conmigo esos días. Jamás olvidaré cómo me ayudó a vestir y me acompañó junto a mi esposo al hospital, donde me hicieron estudios para ver si estaba bien, si mis órganos y el sistema estaban limpios. Mi esposo enfrentó con tanta valentía todo esto; si yo me sentí desmoronada, él estaba igual, pero estaba ahí, a mi lado, fortaleciéndome.

Fueron días de silencio, luto, pérdida y profunda soledad porque, aunque estábamos en medio de una campaña política, sabíamos que estábamos pisando un terreno espiritual; sabíamos que vendrían ataques del mismo infierno para tratar de dañarnos, pero las armas de las tinieblas nunca prosperan contra los hijos de Dios.

> "Ninguna arma forjada contra ti prosperará, y condenarás toda lengua que se levante contra ti en juicio. Ésta es la herencia de los siervos de Jehová, y su salvación de mí vendrá, dijo Jehová" (Isaías 54:17).

Me sentía como la mujer del flujo. Estaba arrastrándome en medio de la multitud, sin fuerzas, acababa de perder un hijo, pero yo sabía que el toque del Maestro podía hacer la diferencia. Tal vez no me devolvería mi hijo, pero me devolvería la esperanza de vida, de caminar para ver un milagro mayor. No fue fácil, las pérdidas no son fáciles, más cuando se trata de algo que esperas y amas. Por eso, mientras te comparto mi historia, quiero que sepas que no estás sola, y que también saldrás de esta situación y podrás colocarte sobre tus pies para continuar adelante.

Tuve que parar la campaña política. Solo faltaban de cuatro a cinco meses para las elecciones generales y detener una campaña era mortal, significaba perder el escaño. Mi doctora me dijo: "No puedes hacer nada, ni subir escaleras". Eran muchos los cuidados médicos, pero mi realidad era otra: o me encerraba en una profunda depresión o salía al campo de batalla a terminar lo que ya había empezado. No vengo de una formación de echarme a morir, aunque esta vez me sentía hecha pedazos. Acababa de perder una vida que estaba empezando a formarse dentro de mí y, para colmo, la muerte zarandeaba a mi madre.

Sin embargo, en medio de todo esto tan doloroso y que nos marcaba en nuestra vida matrimonial y personal, mi carrera a nivel político proyectaba bien, aunque yo me sentía muerta en vida. Así caminó la mujer de flujo de sangre, muerta en vida, pero caminó. No te detengas, camina, este no es el final. Te aseguro que mientras caminas recibirás sanidad para tu alma.

A las semanas y bajo mucha presión, empecé a integrarme a las caminatas políticas junto con el entonces alcalde de la capital. Mucha gente veía que no subía escaleras, era que no podía, estaba tan adolorida; todos mis órganos estaban alterados a causa de la pérdida. Recuerdo claramente cuando el entonces alcalde y candidato para revalidar la alcaldía, le decía a la gente que vivía en segundos pisos: "Mire, allá está Kimmey Raschke, candidata al Senado". Entonces, yo sacaba mi mejor sonrisa y batía mis manos y saludaba. ¡Qué fácil es juzgar a las personas sin saber, ni entender su dolor, sin comprender cómo están de pie y, más aún, cómo están caminando! Así lo vivió la mujer del flujo, y así hay muchas viviéndolo hoy. Puedes tropezar en el camino, puedes tener dolor, pero llegó tu hora para ser transfundida con la sangre de Jesús.

Fe y vida

Tiene que existir una conexión de fe y vida. A mí me impulsaba mi fe. Lloré y grité todo lo que más pude, porque decirte lo contrario sería mentir. Estoy tan cansada de la falsedad que se vive hoy y cómo algunos quieren hacer ver que nunca han sufrido, porque viven tan victoriosos. Eso es falso. La vida está llena de momentos duros, pero en todos ellos estará el Señor para consolarte y abrazarte. Yo soy de carne y hueso, y en aquel momento mi dolor era inmenso, pero sabía, estaba plenamente convencida de que en mi Dios nada es pérdida, todo es ganancia. "Porque para mí el vivir es Cristo, y el morir es ganancia" (Filipenses 1:21).

Quien te diga en medio de tu proceso que no puedes llorar, gritar, solo reprime tu naturaleza. Dios trabaja con nuestras emociones y trae sanidad al alma. No reprimas tu dolor, solo busca tocar el borde del manto del Maestro y virtud saldrá de Él para ti. En aquel momento tan duro me hablé claro a mí misma. Me dije: "Kimmey, tienes dos opciones: o te quedas llorando y te sumerges en una depresión, o te arrastras en medio de tu dolor y alcanzas el borde del manto de Jesús". Créeme que yo estaba siendo transfundida por la sangre del Cordero Santo.

Tú necesitas levantarte y entender que esto que estás viviendo también pasará, aunque te duela, porque créeme que duele mucho. Dios nunca te dejará, ni te desamparará. Yo experimenté su cuidado, Él nos consoló y fue nuestro pronto auxilio en mi dolor. Decídete a caminar, decídete a entender que no es tu final. En aquel momento, todo ataque era dirigido a desestabilizarme y sacarme de foco. Ahora puedo entender que el lugar al que iba de camino era un territorio espiritual fuerte, y lo único que el enemigo quería era que yo saliera corriendo y abandonara todo.

No abandones tu territorio, ni tu asignación, ni tus sueños. Habrá dolor, habrá llanto, pero también habrá consuelo y saldrás más fuerte, conociendo áreas dentro de ti que no conocías y que están ahí, pero que aún no las has descubierto. Podrás darte cuenta de cuán fuerte eres. El diablo es tan bruto que lo que usa para marcarte despertará en ti la mayor fuerza en el Espíritu para enfrentar cualquier situación que venga a tu vida, sabiendo que si sobreviviste a esta puedes sobrevivir a lo que sea.

Hay quienes no podrán y no pueden ver más allá del diagnóstico físico de los hombres. Son los que se dedican a robarte la fe, y qué muchos "robafé" hay hoy en día. Les llamo los vampiros de la fe. Con verdad y tristeza tengo que decirte que existen en este caminar gente que te dirán: "Ya no hay más nada que hacer, acaba y suelta todo, muérete de una vez, no intentes más nada". Pero tú sabes, puedes sentir dentro de ti cuando aún no ha llegado tu final. Es ese susurro del mismo Espíritu Santo que te dice al oído: "Aún no ha llegado tu hora y no morirás, sino que vivirás, porque a través de tu milagro otros conocerán al Dios que sostiene a los que creen".

Esta mujer tomó una decisión, se arrastraba, se caía en el caminar, se desmayaba entre la multitud o se moría, y cuando tú estás en esa posición, tú vas a actuar por encima del que dirán, de los chismosos, de los que te juzgan, de los que murmuran, porque lo único que te va a impulsar no es otra cosa que la urgencia de provocar un milagro en el pronóstico de muerte a vida. Cuando hablo de ese pronóstico no solo me refiero a muerte física, sino espiritual y emocional que es la que nuestro pueblo sufre, en su gran mayoría, en este tiempo que enfrentamos de grandes retos y luchas de las cuales nadie está exento.

Hay un dato curioso en esta historia que quiero compartirte. Esta mujer se acercó a Jesús *por detrás de la multitud*, así lo señala el texto bíblico: "...vino por detrás entre la multitud, y tocó su manto. Porque decía: Si tocare tan solamente su manto, seré salva. Y en seguida la fuente de su sangre se secó; y sintió en el cuerpo que estaba sana de aquel azote" (vv. 27–29). Hay ocasiones que, ante los ojos de los hombres, estarás entrando por la parte de atrás, por donde nadie le da importancia a tu situación y no serás reconocida por muchos. Hoy todos quieren exhibirse e ir por la parte del frente, y lo digo en forma paradójica, porque muchos están hambrientos de protagonismo. Esa es una gran enfermedad aun dentro de los ministerios, del liderato, y en todas las esferas.

Pero el que quiere un encuentro verdadero con Jesús de Nazaret no le importa pasar desapercibido, no le importa el reconocimiento y mucho menos la lástima de nadie. Quien está en búsqueda de un encuentro con el Maestro no necesitará nunca los primeros lugares, porque sabe que, aun caminando detrás de la multitud, Él sabrá quién le ha tocado. Puede haber miles y si tú le tocas con fe, Él sabe tu nombre, quién eres, y virtud saldrá para sanarte y posicionarte. Él mismo se encargará de decir: "Alguien me ha tocado". Jesús no solo sanó a aquella mujer de su azote, sino que la reivindicó públicamente, porque ella no estaba buscando otra cosa que no fuera su verdadera sanidad. Sé genuina, sé sincera, sé real, y el Dios que derramará virtud sobre ti también se encargará de Él mismo anunciarte, de cambiar tu dolor y afrenta ante la sociedad, para que sepan que alguien cambió en bendición toda maldición sobre tu vida.

Quiero regalarte algo más. La Palabra dice que lo que tenía aquella mujer, que no sabemos su nombre, era un azote. Así que más allá de una enfermedad, había un ataque sobre ella muy fuerte para robarle su aliento, su vida. La sangre es el motor que da vida a nuestro cuerpo. Ella la estaba perdiendo día a día, milagrosamente estaba viva. Eran doce años perdiendo vida, porque la sangre es vida. Pero fue sanada y libre de ese azote. El toque del Maestro le devolvió la vida.

Azotes espirituales: peligro de muerte

Mis primeros meses como senadora en Puerto Rico fueron intensos. Ajustarme a aquel ambiente no era fácil, me entregué día y noche trabajando, fui con la ilusión y el deseo genuino de cambiar muchas cosas. Lamentablemente, choqué contra un sistema podrido que no me correspondía cambiar. Muchas veces se nos olvida que hay situaciones que más que físicas son también espirituales.

Esta mujer tenía un azote, así que algo había sido enviado en contra de ella. *Azote* se define como un golpe, un castigo dado sobre una persona. Dios no castiga, ni azota; esto era un ataque más allá de lo natural, también lo era espiritual. Por eso, tenemos que tener clara esta Palabra que ha dejado de ser repetida por algunos, pero es la Palabra de Dios:

> "Por lo demás, hermanos míos, fortaleceos en el Señor, y en el poder de su fuerza. Vestíos de toda la armadura de Dios, para que podáis estar firmes contra las asechanzas del diablo. Porque no tenemos lucha contra sangre y carne, sino contra principados, contra potestades, contra los gobernadores de las tinieblas de este siglo, contra huestes espirituales de maldad en las regiones celestes. Por tanto, tomad toda la armadura de Dios, para que podáis resistir en el día malo, y habiendo acabado todo, estar firmes" (Efesios 6:10–13).

En aquellos primeros meses, yo viví un azote físico, pero sin duda alguna, espiritual. Estaba en medio de un proceso de confirmación de un secretario de educación que había sido nominado por el gobernador, y como presidenta de la Comisión de Educación me tocaba pasar revista, tener vistas públicas y examinar dicha nominación. Fueron días intensos sin dormir apenas, examinando expedientes, de presión mediática, parecían días interminables.

Al día siguiente de haber confirmado al nominado para ese puesto, tenía que llegar a una actividad en el pueblo de Patillas como parte de mis funciones de senadora y como presidenta de estas comisiones. Pero la noche anterior, mi cuerpo empezó a fallar, no paraba de vomitar, era algo extraño lo que sentía. Pensé que podría ser agotamiento físico y decidí no ir al hospital. En la mañana, tomé mi vehículo, empecé a conducir y decidí parar a hacer una gestión antes de seguir hasta el pueblo donde me esperaban. Algo extraño empezó a ocurrirme. No tenía sensación en mis manos y mi cuerpo no me estaba respondiendo. Decidí parar mi vehículo en un centro comercial y me comuniqué con alguien de mi equipo de trabajo. Llamé a mi esposo. Les dije: "Me siento muy mal, no entiendo qué me pasa, pero me siento que voy a desmayar". Un joven del equipo de trabajo llegó hasta el estacionamiento, y cuando lo vi llegar apenas pude hablar, me desmayé.

Cuando abrí mis ojos estaba en la sala de emergencia más cercana, y solo oía a la enfermera y al médico de turno decir: "Está muy grave, pero no entendemos qué puede ser esto".

Trataba de hablar y no podía articular, trataba de mover mis manos y tampoco podía. Inmediatamente, en mi mente, vino la palabra que mis padres siempre me enseñaron: "Clama a la sangre de Cristo". En mi mente clamaba, y decía: "Señor, si alguien llegara hasta esta camilla y clamara en voz alta". Me continuaban colocando todo tipo de medicamentos, me sentía ir por momentos. Con toda sinceridad pensé que había llegado mi hora. Escuchaba una máquina decir: ARRESTO CORONARIO. No entendía nada, solo veía un corre y corre.

La sangre de Cristo

En aquella camilla mi oración fue contestada. Una enfermera algo mayor, que jamás supe su nombre, para mí ella fue un ángel, se me acercó y me tomó la mano. En ese instante, trataba de hablarle, pero no podía. Lo único que susurraba de mi voz era: "Por favor, clama". Esa enfermera empezó a orar, y decía fuerte y claro: "Señor, yo clamo a tu bendita sangre y declaro inoperante todo ataque contra tu hija". No se movió de mi camilla, lo único que hacía era clamar a la sangre de Cristo. Estaba convencida que el Maestro estaba allí. Aunque yo estuviera detrás de la multitud, Él estaba listo para transfundirme con su bendita sangre que provoca vida en todos los sentidos.

Te digo transfundida, porque de aquella sala de emergencia tuve que ser trasladada con urgencia a otro hospital donde atendieron mi condición. A raíz de la pérdida de mi bebé y de múltiples sangrados, mi hemoglobina había bajado a siete, y nunca me percaté. Mis niveles de oxigenación eran muy pobres, y solo podían transfundirme sangre de manera inmediata, porque mi sistema inmune no estaba respondiendo. Mi esposo aturdido, aun lo recuerdo corriendo, nervioso, firmando papeles para que me hicieran transfusión de sangre. No era la mejor opción, ni la que más me gustaba, pero ahí estaba frente a ese cuadro de vida o muerte.

Los azotes del infierno no tienen parte ni suerte con los hijos de Dios, y cuando tú decides tomar autoridad tienen punto final. Los azotes duelen, traen ansiedad, confusión, dejan la fragancia del olor a muerte. Pero el paso del Maestro anuncia que alguien va a ser transfundido con la sangre que provoca vida y rompe toda cadena. La sangre de Cristo vertida en la cruz todavía tiene poder para romper toda maldición y todo azote sobre tu vida, cuerpo, emociones y mente.

Ese día ya de noche me subieron a un cuarto. Desperté en el piso de oncología; querían estar seguros que no había otra condición relacionada. Esa noche entró una enfermera joven al cuarto, me mira y me dice: "Kimmey, ¿me recuerdas? Soy hija de un pastor muy amigo de tu papá en el pueblo de Ponce. Estoy asignada para comenzar tu transfusión de sangre. Aquella joven cristiana fue asignada por el reino. Me dijo con mucha autoridad: "Esta sangre va a entrar en tu cuerpo y en el nombre de Jesús vas a cobrar vida. No hables, porque no puedes hacer esfuerzo alguno, pero mientras esta sangre entra a tu cuerpo, yo voy a estar orando".

Dios es tan fiel. Él enviará ángeles cerca de ti para que te guarden (ver Salmo 91:11). Fueron alrededor de cuatro pintas de sangre. Sentir aquello frío entrar por mi cuerpo es una experiencia que jamás olvidaré. Pero la sangre es vida y pude entender que lo único que el infierno quiere robarte no son tus bienes ni tus carteras, ni tus carros ni propiedades, ni tus prendas, es la vida que Cristo ha depositado dentro de ti. Esa noche, más que con sangre física, fui transfundida por la sangre del Cordero, y al igual que la mujer del flujo de sangre, experimenté el toque de quien tiene la última palabra sobre ti. La última palabra, lee bien esto, no la tiene el hombre ni la gente; la tiene Dios.

Estuve diez días hospitalizada. Sentía la batalla física, pero más que todo, la espiritual. Quiero que sepas que, aunque no tengas fuerzas, vivirás y no morirás. Uno de esos días, vino a verme una amiga pastora que está radicada en Orlando, Florida. Cuando entró a la habitación, jamás olvido la autoridad del Espíritu Santo con la que entró y me saludó. Ella abrió su boca y dijo: "Señor, hasta hoy llegó todo ataque, hasta hoy llegó todo azote. Todo trabajo de santería, de hechicería en contra de tu hija es nulo ahora mismo. Ella ha sido transfundida con tu sangre, porque la sangre es vida y tú, Dios, eres vida".

En ese mismo instante, sentí cómo toda opresión fue removida y pude entender que estaba en medio de un azote. Nunca permitas que el enemigo tome ventaja sobre ti. El diablo fue vencido en la cruz, él envía azotes, saetas, pero no puede dañar a los hijos de Dios. Tampoco subestimes el reino de las tinieblas, porque cuando tienes propósito y asignaciones divinas, tratará de secarte, anularte y matarte, pero todos sus intentos son fallidos, si estás anclado en la Palabra de Dios que establece que Cristo ya venció toda maldición en la cruz del calvario. Si al igual que yo vives para contarlo, cuéntalo. Déjales saber a otros que eres un milagro, porque sus planes para contigo son mayores, y nada ni nadie podrá detenerlos. Vas a vivir. Decláralo, aprópiate de sus promesas y toma autoridad en el mundo espiritual. **#MujerReal**

Capítulo 11

DESPUÉS DE ESTO

Entonces Rizpa hija de Aja tomó una tela de cilicio y la tendió
para sí sobre el peñasco, desde el principio de la siega hasta que
llovió sobre ellos agua del cielo; y no dejó que ninguna ave del
cielo se posase sobre ellos de día, ni fieras del campo de noche.
(2 Samuel 21:10)

Ser una mujer real, genuina, y asumir posturas te costará un alto precio. Vivimos en un mundo lleno de hipocresías. La gente prefiere la falsedad, vivir aparentando lo que no son, vivir siendo esclavos del dolor, la violencia, las malas costumbres, la religiosidad, antes de ser o vivir de manera transparente. Quiero que seas libre de todo peso y toda carga. La vida en Dios es para que la puedas vivir a plenitud, a pesar de cualquier situación que puedas estar viviendo.

Sé que hay muchos que les molestará este tema, porque son demasiado religiosos como para aceptar que tienen sus asuntos como todo ser humano. Prefieren mentirse a ellos mismos y ocultar su dolor, su pasado, sus tragedias, porque quieren aparentar unas vidas tan irreales que ni ellos mismos se las creen. Quiero que estés clara que, al igual que cada una de estas mujeres de la Biblia, llenas de virtudes y defectos, vale la pena ser una mujer real. Estoy convencida de que valdrá la pena serlo, y cuando lo seas te aseguro, tal cual yo lo viví y te he compartido, que aun en medio de tus días más tristes, renacerá en ti, desde lo más profundo de tu ser, el ánimo para continuar.

Podrás reír aun cuando las lágrimas surquen tu rostro, y podrás mirar a los ojos de la gente, convencida de que no tienes nada que ocultar. Podrás usar ese traje que tanto te gusta y que tanto te han criticado, pero te lo vas a poner y vas a ser feliz. Podrás tener una cita contigo misma sin depender de que nadie te invite para celebrar, porque tú eres la celebración. Podrás pelear por todo lo que te pertenece y sientes que has perdido, aun cuando otros piensen que estás loca, porque nada te detiene frente a lo que ellos llaman tu ruina.

Creo firmemente que este es tu tiempo para levantarte anclada en el poder de su Palabra, valorándote y amándote, decidida a todo y guiada por el único que puede darte las mejores estrategias: tu Hacedor.

No podía cerrar este libro sin hablar de Rizpa. Es una de esas mujeres reales que sacude mi espíritu. Es una de esas que decidió que el final que el hombre determinó para su casa y para su vida, no era su final. Ella fue tan real como para aceptar que sus hijos estaban muertos físicamente, pero la promesa de Dios, el hombre nunca la puede alterar. Aun después de muerto, lo que Dios dijo que va a hacer, lo va hacer.

Es realmente una historia trágica, hasta injusta desde el punto de vista humano, pero quiero que puedas ver a una mujer capaz de hacer resistencia, capaz de pararse de frente a quien fuera: vientos, tempestades, aves de rapiña, lluvia, calor, sol. Rizpa estaba convencida que lo que Dios dijo que les pertenecía a sus hijos era de ellos, y el final no lo escribiría la gente, sino Dios. Ella dijo: "Este final no es el que quiero". Esta es una mujer marcada por el dolor, pero transparente. Tanto es así, que todos sabían que la que estaba en el peñasco sacudiendo la tela de silicio era Rizpa, con nombre y apellido, con identidad, la misma que le acababan de matar sus hijos, y a la que solo le quedaban los cuerpos tendidos para podrirse, sin tan siquiera un entierro digno para cerrar este capítulo doloroso de su vida.

Su congoja era inmensa, pero ella no se encerró en su cuarto a buscar culpables, asumir el papel de víctima de la novela, sino que tomó acción y decidió pelear hasta el final de su generación. Yo estoy segura, con todas las fuerzas de mi corazón, que tú eres una de esas mujeres que estamos listas para tomar la tela, el manto para sacudirlo y espantar toda saeta del infierno. Y en medio de tu pérdida, escasez, divorcio, depresión o ataque de ansiedad, poder afirmar tus pies y decir: "Lo último que me queda, las fieras del campo no lo van a tocar; lo último que me queda lo voy a custodiar, porque aun esos huesos, esos cuerpos muertos tienen una promesa de Dios. Ellos podrán estar muertos físicamente, pero la promesa de Dios está viva".

Rizpa no dejó que nada se posara sobre los cuerpos muertos de sus hijos. Día y noche, contra viento y tempestad allí estaba ella. Una mujer real no huye de sus circunstancias, las enfrenta con gallardía. Una mujer real llora, grita, pero también sabe espantar lo que viene a comerse lo que es carne de su carne. Creo que este es un tiempo difícil, lleno de corrientes y teorías para trabajar con tus emociones, alimentar y fomentar conductas en ti que solo te amargarán, pero no te liberarán. Una mujer real es aquella que es capaz de tomar la tela de silicio y provocar que el Rey la escuche y cambie el final que los hombres pensaron para ti.

Quiero asegurarme de que recibas empoderamiento espiritual y te llenes de las promesas de Dios, no de religión. De eso está lleno el mundo y nada han podido hacer. No pretendo, ni quiero llevarte al extremo feminista donde se sacan asuntos fuera de contexto. Solo quiero que puedas ser tú misma, anclada en la verdad de la Palabra de Dios, esa verdad que te da honra, que te da poder, que te ubica con identidad real y te entregará tus mayores victorias, aun en el peor de los momentos de tu vida.

No te condenes a vivir mal, a vivir amarrada al pasado. No te condenes a vivir llena de rebeldía y dolor. No te condenes a no perdonar. No te condenes a no respirar aire fresco. No te condenes a vivir atada a una pareja que no te ama, ni te valora, y violenta tu vida y tus emociones. Es hora de subir al peñasco y levantar la bandera que reclama que "después de esto", después de todas estas cosas, vendrá algo mejor, y tienes que estar lista para eso.

Lo que parece final es el comienzo de Dios

Cuántas de nosotras hemos estado así, como lo estuvo Rizpa, frente a los féretros de nuestras metas, nuestros sueños, nuestros bienes, nuestras relaciones. Todas hemos estado ahí. La diferencia es que sabemos, y si no lo sabes te dejo saber, que la última palabra la tiene Dios. Este es mi primer libro con esta historia que me impulsa espiritualmente, y declaro que así también lo hará el Espíritu de Dios contigo mientras lees.

En esta etapa de mi vida no voy a permitir que nadie toque la promesa de Dios. Me aferro como Rizpa, y agito el manto en los aires para espantar toda ave de rapiña que trate de tomar o dañar lo que Dios me ha entregado. Sube al peñasco; llegó tu hora de espantar las aves de rapiña; llegó tu hora de pararte en medio de la lluvia y cubrir lo que es tuyo, aunque parezca que está muerto. Rizpa sabía que sus hijos estaban muertos, pero también sabía que había una promesa y que el final no sería como el hombre había planificado. Ella se resistió y dijo: "No tocarán ni aun sus cuerpos".

Es hora, mujer real, de levantarte y asumir actitud, carácter, sacudirte del dolor. Cuando lo hagas, las aves de rapiña saldrán huyendo. Aunque no sea el escenario perfecto, allí también Dios cumplirá lo que te prometió. No siempre serán los lugares más hermosos, ni los momentos perfectos donde veremos la mano de Dios. En la mayoría de las ocasiones, será en circunstancias imperfectas. Son esas las preferidas para el Padre manifestar su poder absoluto y las que Él usará para sacar a flote la Rizpa que hay dentro de ti. Prepárate para provocar un cambio. Decídete a no dejar que toquen nada de lo que es tuyo, asume tu lugar en Dios. Hoy es un buen día para hablarte a ti misma y decirte: "No me quedaré siendo espectadora, sino que actuaré, me moveré, provocaré algo".

Cuando terminé mi última campaña política, perdí la elección por la carrera al Senado por Acumulación dentro de un intenso proceso de primarias de la colectividad donde estaba afiliada. Yo no lograba entender en aquel momento muchas situaciones. Hubo figuras importantes de la política en ese tiempo que me insultaron y denigraron a más no poder públicamente, a través de los medios de comunicación. Tenía claro que, con mis fallas y virtudes, como todo ser humano, había hecho mi mejor esfuerzo en trabajar por la gente. Pero fue duro, no lo niego. Estos procesos son días largos, noches cortas, te sumerges de lleno en un proceso que literalmente es drenante.

Quiero que sepas que comprendí que lo que a mis ojos y a los de la gente parecía el final de una carrera política, era solo el comienzo de un nuevo tiempo. Las aves de rapiña no iban a tocar la promesa de Dios, porque "después de esto", Dios será propicio a mi vida.

> "Entonces David fue y tomó los huesos de Saúl y los huesos de Jonatán su hijo, de los hombres de Jabes de Galaad, que los habían hurtado de la plaza de Bet-sán, donde los habían colgado los filisteos, cuando los filisteos mataron a Saúl en Gilboa; e hizo llevar de allí los huesos de Saúl y los huesos de Jonatán su hijo; y recogieron también los huesos de los ahorcados. Y sepultaron los huesos de Saúl y los de su hijo Jonatán en tierra de Benjamín, en Zela, en el sepulcro de Cis su padre; e hicieron todo lo que el rey había mandado. Y Dios fue propicio a la tierra *después de esto*" (2 Samuel 21:12–14, énfasis de la autora).

Después de esto, donde todos nuevamente pensaron que era otro final para mi vida, Dios apenas estaba comenzando a desatar la palabra profética ministerial lanzada sobre mi vida desde muy niña. Hoy quiero darles las gracias a todos los que me maldijeron, me insultaron, me persiguieron, dijeron toda clase de mentiras sobre mi persona. Sí, gracias, porque con el impacto estaba lista para pararme firme en el peñasco hasta que el Rey me respondiera. Gracias a todos ellos, que saben quiénes son, porque me impulsaron a mi propósito en Dios y aceleraron mi llamado ministerial.

Cuando pasé por ese proceso de derrota política, empecé a experimentar ataques de pánico, y no me avergüenzo de decirlo porque sé que muchos han vivido estos momentos, donde la presión a la que hemos sido sometidos, el cuerpo busca por dónde expulsarla. En el ámbito espiritual, el enemigo trata de usarla para dañar, haciéndote creer falsos espejismos, y siembra la inseguridad en el futuro y cuál será la próxima que vendrá.

En ese tiempo, Dios usó a mi esposo como tantas veces. Su paciencia era inmensa. Si salíamos a comer a algún lugar y me encontraba mucho público allí, mis nervios se alteraban y entraba en un ataque intenso de pánico. Esto provocaba que no podía digerir la comida y comenzaba a expulsarla, era horrible. Nuevamente estaba en medio de una batalla más que me enseñaría cuán humana y vulnerable podría ser, cuán agotada estaba por tantos ataques. Pero su misericordia infinita estaba allí para reenfocar mi casa, mi vida y mi propósito en Dios. Era la hora de pararme como Rizpa y provocar que el Rey escuchara mi clamor, y por causa de mi oración y mi acción, vendría la respuesta divina a mi favor. Fueron muchos meses y días enfrentándome a las aves de rapiña, espantándolos de mi territorio.

Al cabo de un tiempo, pude superar aquello que atacaba mi cuerpo. Mi esposo oraba y profetizaba sobre mí siempre: "Señor, mi esposa tiene un llamado más grande que esto que estamos viendo. Esto es solo una escuela, pero nada va a callar su voz". Él estaba parado conmigo en el peñasco agitando el manto y diciendo: "El final lo tienes tú, que eres el Rey de reyes".

Algunos quieren las cosas de manera mágica. No permitas que nadie coloque esa presión sobre tu vida. En cada espacio, en cada tiempo, Dios trabajará conforme a tu necesidad. Él nunca está ajeno a tu dolor. Él siempre sabe que hay una Rizpa en el peñasco esperando respuesta, aun estando frente a los féretros y al más trágico de los finales, humanamente hablando. Porque aun "después de esto", Él puede cambiar el panorama.

Dios señala el tiempo

Al terminar nuestra jornada en la vida pública y política del país, durante mi última campaña por la alcaldía de la ciudad capital, había sido invitada para llevar la palabra a un congreso de mujeres en el estado de la Florida. Toda mi vida he predicado y ministrado desde muy niña; los que me conocen saben que es así. Aun siendo senadora, nunca dejé de ministrar. Sin embargo, esta vez el viaje tenía algo diferente. Al montarme en el avión, hablé con Dios de manera íntima. A mi esposo no le había dicho nada. Sentada en aquella silla del avión, dije dentro de mí: "Después de esto, Señor, he cumplido mi asignación. Pero siento que no hay vuelta atrás a la política, al campo político". Los ofrecimientos en dicha carrera continuaban, pero yo sabía en mi espíritu que "después de esto", vendría algo propicio, algo nuevo para mi casa. Tuve unos días hermosos compartiendo y ministrando. No hay nada que llene más mi espíritu que eso.

Fui invitada a la iglesia de mi amigo, el pastor Dr. Agustín López en Misión La Cosecha, en su aniversario. Ministré un día y luego fui invitada a quedarme para participar de otros servicios. En uno en particular estaría un predicador americano. Él no hablaba nada de español, no me conocía, y yo nunca lo había visto predicar. Así que decidí quedarme con mi esposo para escucharlo. Me llamó la atención cómo Dios usaba a este hombre en el don de la profecía; por cierto, muy sencillo y humilde. Al terminar el servicio pasamos a un área de descanso. Este ministro estaba sentado en una mesa y, de repente, me mira. Dios sabe lo que hace, porque como hija de ministro, soy muy cautelosa con las profecías. Viví y vi cosas horribles, así que tenía que usar a quien menos supiera de mí, que más bien no supiera ni quien yo era; no hablaba ni español.

Me habló suavemente y me dijo: "El Señor me muestra la palabra injusticia sobre tu frente y veo un lápiz borrando la palabra 'injusticia'". Comencé a llorar porque sé lo que es vivir las injusticias desde que soy una niña, tanto en el mundo cristiano como en el secular. Pero más fuerte fue cuando me dijo: "Sabes, cuando venías en el avión, tú me dijiste que sentías que no hay vuelta atrás a la política, y hoy te digo que no hay vuelta atrás, porque lo que voy a hacer contigo será mayor que lo que hice con tu padre. Irás a los lugares donde él no pudo entrar a predicar; allí llegarás tú". Estaba convencida de que era Dios hablando, porque él no sabía quién era mi padre, y nada de lo que Dios habló era ni tan siquiera en mi idioma. Mucho menos sabía lo que yo le había dicho al Señor en aquel avión.

Porque después de esto, donde todos esperan tu final, creen que los féretros de la vida te intimidarán y te llevarán de igual forma al sepulcro. Pero no saben que hay un tiempo donde Dios será propicio a tu vida, a tu tierra y a los tuyos. "E hicieron todo lo que el rey había mandado. Y Dios fue propicio a la tierra *después de esto*" (2 Samuel 21:14, énfasis de la autora).

Solo puedo decirte que "después de esto" ha ocurrido mucho en mi vida. Después de esto, solo sé que quiero ser una mujer real, y que "después de esto" estoy viendo el mayor cumplimiento de Dios sobre mi vida, matrimonio y ministerio.

Tienes que estar convencida de quién eres y que tu caminar provocará que el Rey actúe. Cuando Él decide bendecirte, aun los huesos nuestros tendrán autoridad para provocar que lo que ha estado muerto cobre vida. Aun lo que otros dan por inservible en nuestras vidas Dios es capaz de usarlo para cambiar todo un panorama, no solo a nuestro favor sino el de nuestras futuras generaciones. "Después de esto" que puedes estar viviendo, podrás cual Rizpa ver un comienzo donde todos vieron un final. Su acción no fue en vano porque, aunque sus hijos estaban muertos físicamente, su firmeza, su valentía y su fe provocaron que toda una generación nueva fuera bendecida.

Tú cargas poder y autoridad para lograr que el Rey te escuche, y "después de esto" dejes un legado de bendición para ti y tus futuras generaciones. No hay tiempo para echarte a morir. Sé que vivirás, y vivirás siendo una mujer real. #MujerReal

SOBRE LA AUTORA

KIMMEY RASCHKE ES una evangelista y proclamadora del Evangelio en su país natal, Puerto Rico, y el extranjero. Es hija del reconocido evangelista internacional Rev. Jorge Raschke e Isaura Martínez, quien pasó a morar con el Señor en el 2009. Fue fundadora del evento "Clamor con la Juventud", que reunía a miles de jóvenes en Puerto Rico para orar frente al Capitolio el primer sábado de septiembre, antes del Día de Clamor a Dios, dirigido por su padre.

Cursó estudios teológicos conducentes a ministro en el Colegio Teológico del Caribe, y además estudió periodismo en la Universidad del Sagrado Corazón, donde obtuvo un bachillerato en Comunicaciones. Formó parte del equipo de periodistas de la emisora WKAQ-Radio donde se destacó como reportera radial, editora y gerente de noticias. En adición, trabajó como moderadora de su propio programa radial transmitido por esta emisora.

En el 2005, pasó a trabajar a la oficina de prensa de la Cámara de Representantes de Puerto Rico, y de ahí ocupó varias otras posiciones en el gobierno estatal. Esto abrió paso a lanzar su campaña política como senadora por San Juan en el 2007, ganando las elecciones generales y siendo electa a sus 34 años de edad. Su labor como senadora se extendió en varias comisiones y servicio público durante su estancia de cuatro años. Actualmente, en su carrera profesional, realiza funciones como asesora en asuntos legislativos.

Su ministerio, Kimmey Raschke Ministry, actualmente impacta a miles a través de la radio, las redes sociales, congresos de mujeres y cruzadas evangelizadoras, que se realizan en las plazas públicas y parques, por todo Puerto Rico y las naciones. Raschke es una de esas mujeres que no cree en rendirse, ella es una mujer real, llamada para este tiempo.

Está felizmente casada con Federico Correa, quien ha sido su gran compañero de aventuras desde el 1995. Ambos residen en Bayamón, Puerto Rico.

INFORMACIÓN DE CONTACTO

Kimmey Raschke Ministry
Dirección postal: P.O. Box 190901
San Juan, PR 00919
Teléfono: (787) 565-6851
Correo electrónico: kimmeyraschkeministry@gmail.com
Facebook: Kimmey Raschke Ministry
Instagram: Kimmey Raschke

Durante mi infancia sirviendo en días festivos de Navidad y emergencias sociales en distintas partes del mundo. Aquí junto a mi papá en lo que fue la tragedia de Mameyes en Ponce, Puerto Rico.

Preparando palomitas de maíz para los niños afectados en la tragedia de Mameyes.

Muchos recuerdan esta foto; fue la primera foto familiar ministerial la cual llegó a mucha gente en Puerto Rico y el extranjero. Era una niña y mi mamá estaba embarazada.

El lugar donde todo comenzó, donde me enamoré y conocí a mi esposo, Freddie, en Israel.

Siempre en eventos desde niña: tomada en la famosa Parada del Niño celebrada en San Juan, Puerto Rico, junto con mi papá y el exgobernador Carlos Romero Barceló y su esposa, Kate.

Mis juguetes de niña, las máquinas de escribir del ministerio en aquel entonces.

En la década de los ochenta en Colombia, la noche antes de la persecución que provocó que saliéramos del país. Mi papá fue deportado por predicar a Cristo. La niña de la bandera soy yo.

Desde el 1974, siempre estuve afuera en las escalinatas norte del Capitolio como parte del Día de Clamor a Dios, sin saber que un día estaría dentro del aquel edificio como Ester en el palacio.

Sirviendo desde el Senado, siempre con los trabajadores y nuestra gente.

El 11 de marzo de 1995, día en el que contraje nupcias con Federico Correa, quien ha sido y es mi inseparable compañero de vida.

Junto a mi papá en la famosa "Lomita de los vientos" la cual está ubicada de cara a la Casa de las Leyes, días previos a la celebración del tradicional Día de Clamor a Dios.

Junto a mi familia, en el Nuevo Circo de Caracas durante una de las muchas cruzadas evangelísticas que realizó mi papá. De izquierda a derecha: yo; mi mamá, Isaura Martínez; mi hermana, Kathy Raschke; y mi papá, Rev. Jorge Raschke.

Foto familiar en las primeras oficinas ministeriales de Clamor a Dios. De izquierda a derecha: mi mamá, yo y mi papá.

En nuestra primera residencia ubicada en Villa Navarra, Bayamón, Puerto Rico.

La primera vez que tomé un micrófono para cantar en el Estadio Juan Ramón Loubriel, durante una cruzada evangelística de mi papá.

Junto a mis padres llegando a República Dominicana durante un viaje
con fines misionero.